宇宙意識で因縁を切る

今からあなたは幸せになる

佐藤康行

アイジーエー出版

はじめに

因縁という言葉があります。そして俗に、因縁を断ち切る、ということが言われます。因縁を切りたくて修行する人もいます。その因縁とはいったい何を指しているのでしょうか。

因とは、原因の因、いわば種です。縁とは、良縁などという言葉で表されますが、この縁によって、種である因の花が咲くということです。

みなさんはもともと因を内在していて、社会の動きや人との出会い（＝縁）によって、その因が花を咲かせる、行動や考えとなってあなたが表していく、と私は捉えています。

そして、この因と縁は、人間の頭でコントロールすることができません。ですから、なぜか自分の状況が悪くなったり、幸せを願っていても悩みや不安が起きてしまったりするのです。みなさんが持っている因が、外界の刺激（＝縁）を受けて、予期せぬ形で現れてしまうのです。

因縁とは、このように原因とその縁によっての結果のことです。実は結果がいい場合もありますので、因縁とは、悪いことだけではありません。しかし、人は昔から因縁を切りたいと言っています。因縁を悪いこととして捉えているのです。これまで多くの偉人、聖人も基本的には同じことを伝えています。それは、神の境地から見てみると、人は因縁によって間違いを犯してしまっているからなのです。

因とは、記憶と捉えるとわかりやすいと思います。現代的に言えば記憶装置やテープレコーダー、またはCDでしょうか。そのテープレコーダーやCDは、スイッチを入れると鳴り出すわけですが、みなさんは、その記憶装置を生まれたときから背負っているのです。そして外界の縁（＝スイッチ）によって鳴り出す仕組みです。

では、CDに録音されているものはどこにあるのか、そしてどこからきたものなのでしょうか。あなたがこの世に生まれたときから背負っているものとは何でしょうか。

それは、あなたの先祖の記憶です。お父さん、お母さん、おじいちゃん、おばあちゃん、その上の先祖……。わかりやすいところでは、あなたの顔、体型が両親に似ているのは、まさに先祖の記憶です。そういった記憶が先祖代々から脈々と続き、あなたにもともと刻まれているのです。顔つきや体型だけではない、さまざまな記憶が刻まれていることは、わかると思います。そして、あなたが伴侶を見つけると、その伴侶の後ろにも先祖がいるわけです。そして、あなた方の子供は、その両方の先祖の記憶を受け継いで生まれてくるのです。たとえば、何代か前の先祖が、外国人と結婚していたとしたら、あなたには生まれながらに外国人の遺伝子が刻み込まれています。先祖のちょっとした心の変化で出会いが変わり、あなたの記憶も変わっているのです。

先祖が生きていた時代の社会情勢などでも、あなたの記憶は変わっています。戦時中であったり、貧しかったり、そしてそのときの先祖の心の変化が、後の子孫に影響しているのです。

先祖に加え、あなたがこの世に生まれてくるためには、両親の出会いと、そのときの精子と卵子の出会いもあるわけです。すべて何億分、何十億分の一というような確率です。

なおかつ、あなたには前世の記憶が刻まれています。それと同じように両親や先祖にもそれぞれ前世の記憶が刻まれています。さらには、あなたが四十歳であれば、この四十年の記憶も刻まれているのです。

これらの記憶が、縁によって表に出るのです。外界の刺激（スイッチ）により、あなたの中にあるおじいさんの記憶が出てしまったり、お母さんの記憶が出てしまったりするのです。あなたには、何が鳴り出すかわかりません。一〇代前、三〇代前の先祖のＣＤが鳴り出すかもしれません。

このＣＤ（記憶）を心の貯水タンクにたとえると、その中身が泥水でいっぱいなら、泥水しか出ません。中身が清い水なら清い水が出てくるわけです。どんな環境でも、常にいい心しか出ないこともあるわけです。

同じ環境なのに人によってまったく違う態度や行動をとるということがあります。兄弟でもまったく違う対応をしたりします。それは心の中身が違うからです。貯水タンクの中身が違うからです。

泥水でいっぱいの貯水タンクなら、どう大掃除するか。それが因縁を切るということです。大掃除をして清い水になれば、清い水しか出ませんから、それができれば、あなたの運命は、それまでとはまったく変わるのです。

あなたから出てくる思い、心が、自然と顔つきになり態度になり、そして言葉になり、行動になり、それによって出会いが変わっていくのです。

そして、この膨大な記憶＝因縁を切るということは、人間技では無理だとわかりますよね。実はそれが、あなたの中にもともと存在する宇宙意識、神意識で切ることができるのです。神には因縁がないからです。

私はこれまで二十年にわたり全国でその方法をお伝えしています。みなさん、自分の中にある宇宙意識（本当の自分）に目覚め、その後劇的に人生を好転されています。

本書ではその中から三〇名の方の実証を紹介するとともに、宇宙意識、本当の自分について紹介していきます。ぜひあなたにも、忌まわしい因縁を切っていただきたいと思います。

目次

第二章　因縁を切る　49

第三章　呪縛からの解放　87

第七章　すべてが完全になる世界　207

装丁デザイン／鈴木未都
本文ＤＴＰ／ワークスティーツー

第一章 あなたが背負っているもの

人は何のために生まれてきたのか

あなたは何のために生まれてきたのでしょうか。
人は何のために生まれてきたのでしょうか。

このテーマの答えがわかれば、この世にあるすべての問題は、自動的に解決します。
私はそのように捉えています。

私たちは、一体何のために生まれてきたのでしょうか。

他の生物はどうでしょうか。花は一体何のために咲いているのでしょうか。
一説によると、地球上の生物は、推定で一千万種類いるといわれています。あらゆる生物は、一体何のために生きて、そして死んでいくのでしょうか。

人間は、がんばって財産を残したり、地位を誇ったりしています。しかし、一生懸命がんばったと思ったら、そのうちにこの世から去らなければなりません。

一体何のためにがんばっているのでしょうか。

このことを中途半端に考えると、段々虚しくなってきます。それならば、まったく考えない方がましかもしれません。とことん本当のことを追求して知るか、まったく知らないかのどちらかです。この本をお読みになっているみなさんは、とことん知りたいと思っていらっしゃることでしょう。


私たちは、病気になったり、人間関係で苦しんだりしています。中には生まれた時から不幸を背負って、一生涯不幸のまま人生を終えていく人もたくさんいます。一体何のための人生だったのでしょうか。

本当に喜びにあふれ、感謝にあふれて、愛にあふれて一生涯を最初から最後まで生き抜いた人に、今のところ私は会ったことがありません。

では、そういう生き方は、私たちには与えられていないのでしょうか。やはり、一通り苦しんだりしなければ、ならないのでしょうか。

私たちは今、そういうことを真剣に考えなければならない時代に差し掛かっていると思います。

私たちは一生懸命人生を生きてきて、最後に「私の人生は一体何だったのだろう」といって終止符を打ちます。

できるなら、一刻も早く〝何のために生まれてきたのか、私は誰なのか〟をわかって、残された人生を生きられたらいいと思うのです。

〝教え〟では救われない

今、私たち日本人の心が大変荒んでいます。自殺者は、年間三万人を超えました。離婚が年に二十五万組です。うつ病や〝引きこもり〟と言われる人が、全国に百万人以上いると言われています。

では、一体こういう問題はどこに行ったら解決するのでしょうか。

うつ病の人は病院に行ったら治るのでしょうか。病院に行っても薬を飲まされるだけです。どうやって心を薬で治すのでしょうか。

宗教は、本来こういった問題を解決する役割のはずです。では、本当に宗教がその役割を果たせているのでしょうか。

はっきりいいます。宗教を一生懸命やっている人やその子どもは、かなりの確率で余計に苦しむ結果になっています。

これはなぜかというと、〝いい教え〟を頭で学んでいるからなのです。

「人を愛しましょう」と頭で学んでも、実際には人を愛せない自分がいることを白覚すると、自己嫌悪に陥ってしまうのです。「どうして私には、こんな嫌な心があるんだろう」と、自分自身が情けなくなってしまいます。そして、その自分の欠点を隠して、いい所だけを見せようとするようになります。すると、解決しなければならないことが、いつまで経っても解決しません。

また、〝いい教え〟を学ぶほど、他人の欠点がよく見えてきますから、人を蔑んで見たり、批判をしたりしてしまいます。さらには、自分の子どもを、その〝教え〟の枠にはめ込もうとします。親の言うことを聞こうとする子どもは、その枠から出られずに塞ぎこんでしまいます。逆に反発する元気のある子どもは、親から離れて不良になったりしてしまいます。

〝いい教え〟を学んでいる人は、頭だけで「もう私はわかった」と思ってしまう傾向があります。私の講演を聞いて、「うちの教えと同じ！」とうなずいて拍手をする人は、実は一番わかっていない人なのです。ですから、そこから改善ができません。

教えというのは知識です。しかし、私が伝えようとしていることは、命の悟りです。この命の悟りは知識では得られないのです。本当にわかってきた人は、グーッと何か熱いものが体の中からわいてきたり、頭を抱え込んだりします。そういう人は、だいぶ、わかりかけてきたといえるのです。

善悪を超えた世界に目覚める

物事には「善」と「悪」というものがあります。では一体、何が善で何が悪なのでしょうか。

戦時中は、日本は正しくて、アメリカやイギリスを〝鬼畜米英〟と言って、彼らを殺すことが良いことだと国民は信じていました。

自分が正しいと思ったところからケンカは始まります。「ああ、私は間違っていた」と思えば、ケンカになりません。

私も、社会に出た時には無一文の皿洗いから始めましたから、自分の信念というものが強く、大変負けず嫌いでした。必ずいずれは日本一のレストラン王になってやろうと誓っていましたし、実際に一時は何千万の店を毎月オープンするまでになっていました。ですから超ワンマンだったのです。また、ワンマンでなければやっていけない部分もありました。

それゆえに、精神的に大きな壁にぶち当たりました。あまりにもワンマン過ぎて、人を受け入れたり信じることができず、そのため、心のドアが閉まっていったのです、パタパタパタパタ……と。そして心が真っ暗闇になりました。船がウワーッと座礁するイメージが眼の奥に浮かんだりするのです。もう自分が怖くて仕方がありませんでした。「指一本触れないで人間は死ぬことができる」と、その時はっきりと認識しました。

猛烈に心の世界を勉強し始めたのはそれからでした。それは、自分自身を救うためでした。

そしてある時、私は一人の哲学者の言葉を聞いて大きな気づきを得たのです。

それは、

「自分が正しいと思った瞬間から、間違いが始まる」

という言葉でした。

それを聞いた時、私は悲鳴を上げました。「あー！　私の欠点はこれだ！」と。

それまでは、私は自分が正しいという観念がものすごく強かったのです。自分が正しいと強く思っているうちは、すべての相手が間違って見えます。

そのことに気づいてから、パタ…パタ…パタ……パタパタパタと一気に心の扉が開いていきました。それまでは、八方塞がりに思えていたのですが、頭上が開いていったのです。ポーンと魂が上に上がった感じでした。私が今、心のことをみなさんに伝えているのは、私自身が命がけでこういった体験をしたからなのです。

私が気づいたのは、善・悪の世界ではなく、その奥にある人間の善悪を越した世界、愛そのものです。ここに気づくしか、私たちにはもう解決策はないのです。これは人間の考えではない、心の本質、宇宙の法則、絶対法則、まさしく宇宙意識です。そこに目覚めることなのです。

悩みの原因はあなたの中にある

この世のあらゆる事柄は、原因と結果の法則によって成り立っています。どんな些細な出来事も、原因のない結果はありません。ただ私たちは、原因がわからないまま目に見える結果だけで、物事を判断したり、運の良し悪しで片付けているのです。本当は、起こることすべてに原因があるのです。原因がなければ、結果はありません。これはいたってシンプルながら絶対の法則です。

みなさんが抱えている悩みにもすべて原因があります。お金や人間関係、病気、将来についてなど、すべての悩みには原因があります。そして、その原因がわかれば、悩みを解消できるのです。

その原因とは一体何なのでしょうか？

それは、私たちの心の状態です。

心の状態が、思考になり、言葉になり、表情になり、行動になり、そして現実を創り出していくのです。その積み重ねがあなたの運命となって跳ね返っているのです。

では、その心は一体どこからくるのでしょうか？

例えば、何か注意をされた時に、「冗談じゃない！」と言って怒る人もいれば、逆に「ありがとうございます」と、ありがたいと感じてお礼を言う人もいます。同じ言葉をかけられても、人によって受け止め方が違います。また、試練に直面した時に、すっかり落ち込んで立ち直れなくなる人もいれば、むしろそのことを栄養にして一層たくましくなっていく人もいます。つまり、インプットされる内容よりも、自分がどう受け止めるかという心の状態の方が大事なのです。

試練に遭った時、それを前向きに積極的に受け止めようとする思考を、私たちはプラス思考と呼んでいます。しかし、私はプラス思考を薦めるわけではありません。なぜなら、プラス思考を心がけるということは、もともと自分はマイナス思考だと認めているのと同じだからです。最初から物事をプラスにしか思えない人は、プラス思考など学ぶ必要はありません。そして、マイナス思考なのにプラス思考になろうというのは、自分に嘘をついていることと同じです。

俗に宗教団体などで、「人を愛しましょう」、「ご先祖様に感謝しましょう」と教えていますが、そういうことを学ぶということは、人を心の底から愛していない、感謝していない証拠とも言えるのです。心から愛していて、心から感謝していたら、わざわざそんなことを学ぶ必要はありません。愛するとか、感謝するということは、心の問題であって、教えられたり、頭で学ぶ問題ではないのです。心と頭とは違うものなのです。

私たちは、人間の心の仕組みをまだよく理解していないのです。理解していないから、的外れなことをしてしまうのです。悩みを解消するためには、その原因である心の仕組みを知らなければならないのです。

「思いが実現する」はずなのに、思った通りにならないのはなぜか

心のことに関する本を見てみると、ほとんどのものに「思いが実現する」というこ

とが書かれています。これは、「幸せになりたい」と強く願えば、その思い通りに幸せになる、つまり、思いが実現していくという解釈になります。確かに、思ったことが言葉となり、顔つきとなり、行動となって、それが人生となります。ですから、この法則も疑いようのない事実です。

みなさんは、「この本は面白そうだ」と思ったから、買ってきて読んでいるわけですし、「今日はこの服を着よう」と思ったから、その服を着て外出しているわけです。「この人と結婚しよう」と思ったから夫婦になっているということです。

しかし、「私は幸せになりたいと思っているのに、ちっとも幸せになってない」ということがありませんか？　この世の中、果たして、すべてのことが思ったようになっているのでしょうか？　もし、思った通りになっていれば、全員が喜びいっぱい愛いっぱいで、病気もなく、人との不調和もなく、仕事も順調そのもののはずです。ですが、実際にその通りになっている人は極々僅かなのではないでしょうか。

「思ったことが実現する」ということは事実なのに、なぜ思ったことが実現できないのか？　そこには、今まで誰も伝えてこなかった心の世界の盲点が潜んでいるのです。

自分自身をよく振り返ってみてください。

みなさんが、「もっと幸せになりたい」「人を好きになりたい」「もっと前向きになりたい」と思ったとしても、それは、一時的なものではないでしょうか。そして、寝ている時にはあまり良い夢を見なかったり、ふっと我に返ったら不安がよぎったり、別のことを考え出したりと……。普段は、こうなりたいと思ったこととは別の思いが出てきていませんか。その、ふっと力を抜いた時に、不安や心配、恨み、妬みなどが自然と心に浮かんできてしまとしたら、実際には、その思いが現実のものとなってしまうのです。不安や心配や恐怖が湧き上がってくるようなら、そういう状況が現実化していませんか。

「幸せになりたい」、「喜びを得たい」、「もっと豊かになりたい」と思おうとしているのは一瞬に過ぎません。思おうとしている時だけは、本当にそう思っているかも知れませんが、二十四時間、三百六十五日ずっと自分の意思の力だけでそのように思い続けることは、現実的に不可能です。ふっと力を抜いた自然体の時にでも、四六時中、喜びにあふれ、愛にあふれ、幸せにあふれ、心が豊かで、人を愛する気持ちが湧き上がってくるようになれば、間違いなく幸せになれますが、なかなかそうはいきません。

では、そのふっとわいてくる心の正体とは何なのでしょうか？　そこのところを突き詰めて考える必要があります。

人間は記憶でできている

それでは、ここで一つ実験をしてみましょう。今読んでいるこの本を閉じて、一人静かに目を閉じてみましょう。そして、できるだけ体の力を抜いてリラックスしましょう。その状態を二、三分ほど続けてみてください。

さて、何か思い浮かびましたか？　きっと、あなたの脳裏には、何かの思いがわいてきたと思います。その状態をもっと長く続ければ、さらにもっと別な思いがあなたの脳裏を駆け巡るに違いありません。「何だかわからないけど、ムシャクシャしてきた……」、「虚しい……」、「あ、また嫌なあいつの顔を思い出しちゃった！」、「どうしてぼくには彼女ができないんだろう」、「お金がなくてどうしよう」、「ああ、早く上司が変わってくれないかなあ」、「私はなんて幸せなんだろう」、「これからどうなるか楽しみだなあ」等々。

つまり、私たちは、たとえじっとしていても、絶え間なく何らかの思いがわき出てくるのです。起きている時だけではなく、寝ている時でさえ、いろいろな夢を見ているのです。私の知人には、何度も忍者に追われる夢を見たと言う人もいました。夢では現実にはありえないものを往々にして見るものです。

ではもう一つ、思い出してみてください。あなたにも上司や目上の人から叱られた経験があったことでしょう。その時に、一体どんな思いが浮かんだのか思い出してみてください。

「どうして自分だけが叱られないといけないんだ？」、「どうせ私はダメな人間なんだ…」、「あの人から言われたくないね！」、「あの人は本当に苦手だ」、「きっとあの人は私のことが嫌いなんだ」、「いやあ、注意をしてくれたお陰で気がつきました。本当にありがたい…」、「あの人は私を鍛えてくれる恩人だ。なんて優しい人なんだろう」等々。

同じように叱られても、人によって感じ方も受けとめ方もまったく違うのです。

じっとしていてもわき出てくる思い、寝ていても見る夢、そして、人に何かを言われた時に瞬間に出てくる思い。実は、その思いこそが、あなたの運命を左右している原因と言ってもいいのです。

その原因、自然にわき出してくる思いの正体をお伝えします。

私は、その思いとは、すべて記憶だと捉えています。もっと突き詰めて考えると、人間は記憶でできているとも捉えています。そして、人間は記憶でできていると捉えた時に、さまざまな心の謎を解き明かすことが可能になるのです。

心の謎を解き明かす

●心の構造

私は、心は「三層」で成り立っていると捉えています。

まず心の一番表面は「観念（頭）」という層、その奥に潜在意識（業・カルマ）という二番目の層があります。このどちらにも、それぞれあなたのこれまでの過去の記憶が蓄積されています。

そして、さらにその奥に心の第三の層があるのですが、その前に、この観念（頭）の層（第一層）と潜在意識（業・カルマ）の層（第二層）についてお話しします。

心には、大きく分けて「プラス」の心と「マイナス」の心があります。プラスは愛、マイナスは恐怖です。

野生の動物は、あらゆる原動力が「愛」か「恐怖」から起こります。自分の子どもを愛する気持ちから餌を捕獲する、外敵が現れたら恐怖から身を守るという行動です。これはプラスの心、マイナスの心の現れです。しかし、人間の心はもう少し複雑にできています。

プラスの心は「明るく」「前向きに」「積極的に」「夢をもって」「目標をもって」「プラス思考」「愛と感謝の気持ちで」「素直な心で」「勇気をもって」……と言われるものです。マイナスの心は、「暗く」「後ろ向きに」「人を恨んで」「憎んで」「妬んで」「傲慢で」「偏屈で」「マイナス思考で」云々……です。さて、みなさんは、どちらの心で生きた方が「幸せな人生」を送ることができると思いますか？　すると誰もが「プラスの心で生きた方が良い」と答えるはずです。以前、私は刑務所で講演したことがありますが、刑務所に入っている人でさえ「プラスの心で生きた方が良い」と答えました。

しかし、それを頭で理解できても、なかなかそういった考えで生きていけるものではありません。「プラスの心」「積極的に」「前向きに」と一生懸命思い込み、反復し、そしてさらに定着させるために心を落ち着かせて、心を静めて自己暗示をかけ、そして前向きな思考を鮮明にイメージしていく……。確かにこれを徹底的に実践すれば、それまでよりプラスの心に近づくでしょう。28ページでお話した「思いは実現する」という原理はこのことです。心の一番表面の層（第一層）にプラス思考をインプットするという行為です。頭では、誰でもマイナスの心で生きるより、プラスの心で生きたほうが良いと思うことはできるのです。

しかし、どんなにプラスの心に思おうと努力し、プラスの思考が大切だと理解しても、31ページでお話したように、ふと我に返ったときに、「どうしてもそう思えない心がわき上がってくる」ということが出てきます。それが、心の第二層である潜在意識（業・カルマ）の心なのです。

●無意識の記憶

「感謝しろと言われたって、そう思えない」
「前向きに考えることが大事なことなんて、わかっているけど不安が消えない」
「愛の心をもって接したいけど、どうしても許せない」
「自分の感情がすべてを引き寄せるのだから、よい感情をもちたい……、でもできない」

このように「思うようにしよう！」というのは、実は「そう思っていない」から「思おう」としているのです。「思うようにしよう」とする心の前に「すでに思っている心」があるのです。「すでに思っている心」の方が圧倒的に強い心です。この、ふと我に返った時にわき上がってくる「すでに思っている心」が、心の第二層、潜在意識（業・カルマ）です。

さて、私は「人間は記憶でできている」と捉えているとお伝えしました。

私たちはこの世に誕生したとき、すでにお父さんやお母さんに顔が似ていたり、性格が似ていたり、体質が似ていたりしています。それは、先祖からの記憶を遺伝子によって引き継いでいるからです。そして魂の世界では、前世のことも記憶としてあなたに蓄積されているのです。

さらに私たちは、生まれてから今日までに、たくさんの出来事を経験しています。嬉しかったこと、楽しかったこと、悲しかったこと、辛かったこと、また無意識のうちに感じ取っていることなど、それら無数の出来事の記憶があなたの中に保存され、すべての記憶をあなたは何ひとつとして忘れていません。

このように私たちは「遺伝子」、「前世」からの記憶を両方持ち合わせて生まれ、生まれてから今日に至るまでのすべての記憶は、あなたが頭では忘れているように思えても、細胞レベルですべて体に刻み込まれているのです。その記憶が心の第二層である「潜在意識」に蓄積されているのです。この記憶のことを昔から宗教などでは「業《ごう》」や「カルマ」と表現していることもあります。また「細胞の記憶」「遺伝子の記憶」とも言ったりします。

そして、この業・カルマの心が、外界（心という内界に対し、目に見える外側の世界）によって影響を受けると、表に出てきます。それは、過去の体験と似たような状況が現れたり、その刺激によって、ふと頭にわき上がってくるものなのです。

幼い頃、父親に厳しく育てられて、「いつも叱られていた」という苦い記憶が刻まれている人の場合を例にします。その人は、時間が経過して大人になって、社会に出ても同じようなことを繰り返してしまう傾向があります。会社の上司など、自分の父親と同年代の人を見る度に、過去の記憶がよみがえって、叱られてしまう行動を繰り返してしまうこともあります。「叱られないようにしよう、叱られないようにしよう」と思い直してみても、過去の体験に伴って心に深く刻み込まれた心の強さにはかなわないのです。

このような反応は、他にもたくさんあります。そして、これはほとんど自動的に起こります。「思おう、思おう」とする観念（頭）の層より、この「すでに思っている」潜在意識（業・カルマ）の層の心の方が格段に強いのです。ですから、ほとんどの人は、人生を過去の記憶を前提にして決定しているともいえます。

また、頭をいくらプラスに変えようとしても、業の心がマイナスであれば、効果はなかなか出ないのです。むしろ逆効果になってしまいます。それは心が分離してしまうからです。頭をプラスにしても、心がマイナスであると、人を裁くか自分を裁くという悪循環に陥ってしまう危険さえあります。

「幸せになりたい」と思っていても、ふっと我に返ったときの心、そして、静かに目を閉じていたときに脳裏にわいてきた心、それが普段意識することなくあなたの人生を左右している原因なのです。

●あなたの一番奥に内在する本当の自分

頭でプラス思考を実践しようとしても、業・カルマの心がマイナスであれば悪循環になってしまうということをお伝えしました。あなたの人生を左右する心が潜在意識（業・カルマ）であることもお伝えしました。では、プラス思考を実践するというインプット型ではなく、その心を根本的に解決する方法はないのでしょうか。業・カルマが存在する限り、人間を根本的に救う方法はないのでしょうか。

私は、心は三層で成り立っているとお伝えしましたが、業・カルマのさらに奥の部分、一番深いところにある心、「頭」でも「潜在意識」でもないあなたの心の一番奥にある心の第三層、ここが大きな鍵を握っています。この最も奥にある心を「本当の自分」、つまり、「真《まこと》」の「我《われ》」ということで「真我《しんが》」と呼んでいます。この真我の心に目覚めることによって、人が劇的な変化を起こすことを私は悟りました。

「真我」は、イエス・キリスト、仏陀、孔子など過去の偉人、聖人と呼ばれる人たちが、長い年月をかけて求め続けた「境地」、「境地の領域」、「宇宙の法則」とも言えます。

この真我は「内なる神」とも言えますし「実相の心」とも言えます。また、「愛そのもの」「喜びそのもの」「感謝そのもの」、そして「宇宙意識」と言ってもよいのです。一言で説明すると「完璧で完全なる素晴らしい心」です。その心が、すべての人の心の奥にすでに存在しているのです。「人間は記憶でできている」と述べましたが、真我は宇宙の記憶とも言えます。この心の存在に気づき、真我と出会い、真我に目覚めれば、あなたの問題の根本解決になるのです。真我は、観念や業を超越するのです。

真我の目覚め

私は、真我に目覚め、真我を開発する真我開発講座（セミナー）を、これまで二十年にわたり全国で開催し続けています。そして約六万人もの悩める人たちを見つめ、みなさんが真我と出会う瞬間に立ち会い、劇的な変化を遂げている姿を目撃しています。

実際、真我の心は、古くから多くの言葉で表現されています。「仏性」でも「内なる神」でも「実相」でも「光そのもの」とも言われています。私は、真我を「神」「愛」「宇宙意識」と言うことが多いですが、「神」と言うと誤解を受けることもあります。

私が言う神とは、何か特定の存在ではなく、また宗教団体が称えている対象物でもありません。私が言う神（＝真我）は、あなたの心の中にもともと存在している心のことです。この心が、すべての問題を解決するのです。

真我（＝神、宇宙意識）については、現段階で実感したり、理解することは難しいと思います。しかし、あなたの中に今までも存在しており、これからも存在し続けます。もちろん、今この瞬間も確実にあなたの中に存在しています。これは事実です。

私が主宰している真我開発講座は、「未来内観コース」、「宇宙無限力体得コース」と名付けたいくつかのコースがあり、二日間のセミナー形式になっていますが、各講座を受講した人たちは、必ず何かしらの心の変化を遂げて帰っていきます。たった二日間にも関わらず、ほとんどのみなさんは喜びの心、本当の愛の心を実感され、また本当の自分と出会って、さらに問題の原因をつきとめて、帰っていくのです。

真我は、完全で完璧で、何ひとつ迷いのない心です。また、この心は、何かの知識や教えを外からインプットして学ぶ必要もありません。なぜなら、真我は「すでにあなたの中に存在する心」だからです。そして、その内なる神の心、宇宙意識を、あなたは体感することができるのです。

信じられないかもしれませんが、これは、事実であり、実証済みです。この後からは講座を受講して、実際に真我（本当の自分、宇宙意識）に出会った方々のエピソードを紹介していきます。

誰もが愛の塊

私たちの心の一番深いところに、真我という黄金があります。そして、その上に少しだけゴミが乗っていて、その上にふたをしていると考えてみてください。ふたをするというのは、私たちが頭で考えるということです。

では、なぜゴミにふたをするのでしょうか。

例えば、みなさんが、会社で何か文句があった時に、言たいことを何でも言えるでしょうか。給料を会社から貰っていたり、クビになるのが怖くて、言たいことを抑えると思います。それが、ふたをするということです。言い換えれば、頭でコントロールするということです。言いたいけれど言わないようにする。上司に何でも言いたいことを言っていたら、減給されるかもしれないし、クビになるかもしれません。しかし、その分、酒場に行ってうっぷんを晴らしたりします。そうやってゴミを出しているのです。

しかし、なぜ私たちは愚痴や不満を言ったり、妬んだり恨んだりするのでしょうか。それは、すべて人は、愛されたい、認められたい、わかって欲しいからなのです。最初から愛され、認められ、わかってもらっていれば、酒場で発散しなくても済むものなのです。

心の一番深い所にある真我の黄金が出てくる時に、実はゴミも一緒に出てきます。それを好転反応と呼びます。好転反応は、体調が悪くなったり、イライラしてしまったりという一見するとマイナス的な形で現れます。しかしこのゴミが出切った時に、黄金が出てくると捉えてください。ゴミが出てくるのは治る前兆なのです。ですから、出るものはすべて出すのです。

役員付きの運転手をしている今村秀昭さん（57・仮名）は、長い間、自己否定の思いにかられていました。そして、愛を強く求め、愛について考え勉強してきました。聖書も全部読みました。また、自己啓発の通信講座も一年間続けました。それでも、何も得るところがありませんでした。

そんな彼が、私の所に相談に訪ねて来ました。彼の心の奥を掘り下げていくと、今まで長年ふたをしてしまい込んでいたゴミが出てきました。それは、お父さんに対する〝いくらまじめにやっても、家族を幸せにしてやれなかったじゃないか〟という思いでした。長い間閉じ込めてきたその思いが、一気に浮き上がってきたのです。

その思いがわき出てきて間もなく、彼は自分の中にある黄金、真我の大きな愛に気づくことができたのです。

「突然、両親からいただいた〝命〟を実感したのです。涙がポロポロ出てきました。恥ずかしいも何もない、感謝の涙でした。ただただ涙があふれてきたのです。『あった！　私にも愛があった』という感動に襲われました。自分にも愛や優しさがあるはずなのに、自分の行動を省みると、そこには愛が感じられませんでした。でも、間違っていたのですね。私にも愛があることを気づかされました。お陰様で本当にすっきりとして気が楽になりました。父親を責める気持ちが、ありがとうという感謝の気持ちへすっかり変わりました。早く両親に会いに行って、この気持ちを伝えたいです！」

その後、彼に大きな変化が生まれました。以前は人間関係を避けていたのですが、こだわりがなくなり、誰とでも楽に話せるようになりました。周りの人も笑顔で彼に接してくれるようになり、おまけにチップまで頂くようになったのです。

「今までは笑顔がなかったみたいですね。いつも眉間にしわが寄って、怖い顔をしていましたよ。家の中は、とげのある言葉が飛び交い、とてもぎすぎすしたものでした。収入の面でも家族に迷惑をかけて苦労させてきました。だからこれからは、本当に家族の愛に応えていきます。私は真我に出会えたおかげで本当に救われました」

彼は、優しく自信に満ちた表情で、私に明るく話してくれました。

真実には誰も反論できない

真我の目覚めは、修行や勉強ではありません。

修行というものは肉体を鍛えたり、心を鍛えたりするものです。しかし、本来はそのように鍛える必要はないのです。なぜなら、鍛えなくても私たちにはもともと備わっているからです。

勉強は頭です。しかし、この命そのものは、頭で勉強する必要などないのです。鶏が卵を産んだらもう完璧なのです。そこに手を加えたら偽物になってしまいます。

私たちの心臓は、完璧に宇宙のリズムで動いているのに、私たちが勝手に動揺してドキドキしたりしているだけなのです。

私がみなさんに伝えているのは、考え方ではありません。思想でもありません。本当の事実に気がつきましょうと言っているだけなのです。本当の事実に気がついた時には、誰も反対できませんし、手も足も出ないのです。

真我開発講座には、実にいろいろな宗教や思想を持った人が来ましたが、誰一人として真我や私が行っていることに反対できませんでした。

みなさんの中には神がいて素晴らしいのです。黄金があって、愛そのものだということも、体を見ればわかります。この体も宇宙のリズムで動かされているということは、少しでも意識してご自分の肉眼で見ればわかると思います。私は、それに気づきましょうと言っているだけなのです。

第二章　因縁を切る

愛の心がすべての不調和を消す

私たちの心は、実にいろいろな形となって現れるものです。もし、人を憎んだり恨んだりといった不調和な心を抱いていると、それが病気となって現れることもしばしばあるのです。

松井祐子さん（37・仮名）は、ご主人の兄嫁にずっといじめられてきました。ご主人の両親は義兄家族と同居しているため、実家に行けば義姉と顔を合わせない訳にはいきませんでした。そのため彼女は、ご主人の実家に行くのがとても苦痛だったのです。義姉は、家族の前では何も言わないのですが、二人きりになると悪態をついてきたそうです。

「財産狙って来たんだろう、泥棒猫め！」「あんたの洗った茶碗は汚い。触らないで」などと、さんざんひどいことを言われたそうです。何か言い返せば、今度は子どもが叩かれたりしたために、彼女はただ我慢するしかありませんでした。

松井さんは、ストレスによって、ついに三年ほど前から喘息の発作を起こすようになってしまいました。

しかし、そんな彼女も、真我開発講座を受講し、真我を自覚することによって、その苦しみから解放され、大変穏やかな気持ちになっていきました。

「何があっても、不思議なくらい心に波が立たないようになりました。憎くて憎くて仕方なかった義姉のことも、『なんてかわいそうな人なんだろう。きっと義理の両親との同居でいろいろ大変なんだろう。夫婦間もうまくいっていないようだから、そのことでも悩んでいるのだろう』と思うようになりました。そして、『もう何を言われてもいいや』と思うようになったら、逆にそれ以来何も言わなくなったんです」

そしてその後、彼女の喘息はすっかり治ってしまいました。

「すべてがうまくいきだしました。とにかくもうこれからは悪いことは起こらないって思えるんです。今までイヤでイヤでたまらなかった自分のことも、かわいくてかわいくて仕方なくなりました。今の自分なら、この先何があっても乗り切れると思います。本当に良かったです」

松井さんの例のように、心に不調和が起きると、喘息になる方が多いのです。ちょうど喉に何かが詰まっていると、吐き出そうとするのと同じように、何か心の中に引っ掛かっているものを吐き出そうとしているのが、喘息として現れたといえるのです。

ですから、心に不調和があるうちには、喘息はなかなか消えません。私たちの心というものは、いろいろな形となって現れてくるのです。

私たちの体には、悪いものを出そうという働きがあります。下痢は毒素を早く流して体から出そうという働きです。吐き気も悪いものを早く出そうという働きです。また涙は、憎しみの涙が出る代わりに、もっと奥にある愛の涙も感謝の涙も出てくるのです。とにかく、出るものはすべて良いと思ったらいいのです。

しかし、喘息は不調和の心ですから、いくら吐き出していても、不調和の心が直らない限り、喘息は消えることはないでしょう。その不調和の心を消す方法は、人を愛する心や、感謝の心が自然と出てくるようになることです。調和の心と不調和の心は同居できません。光と闇とが同居できないように、愛の心になることによって、憎しみや恨みの不調和の心は消えていくでしょう。そのことによって、喘息で悪いものを出そうという気持ちがなくなります。すると喘息は治るのです。

このように、私たちは調和の心になれば、体調の不良も病気も自然と治っていくのです。

心（潜在意識）は見境がつかない

トラブルというものは、まず一回心の中で起きて、後からそれが表面化するのです。ケンカをする時も、口や手を出す前に、まず心の中で一旦ケンカをしています。ですから、みなさんの中に少しでも忌まわしい心や嫌な心があって、それを放置しておいたら、その心はいつか何らかの形として現れてくるのです。

一番厄介なのは、心は見境がつかないということです。例えば、お父さんを恨んでいたら、その仇をご主人に討ったりすることもあるのです。潜在意識では、お父さんもご主人も、そして自分さえも区別できないのです。

「○○さんが失敗してくれればいい」と願ったとします。しかし、心の中には「○○さん」という名前はないのです。「失敗したらいい」という心だけが残ってしまいます。ですから、自分が失敗してしまいます。潜在意識にはまったく見境がないのです。

以前、レスリングのチャンピオンになったこともあるという青年が、私の所に訪ねてきました。私はその彼を見た瞬間、思わず驚きました。身長が一メートル八十あるのに、体重が四十三キロしかないのです。まさに骨と皮だけなのです。

私が「なんでそうなったの？」と聞くと、「実は子どもの頃、お父さんとお母さんがしょっちゅうケンカをしていて、お父さんがお母さんを追い詰めているのをずっと見てきました。そして間もなく、お母さんが亡くなったんです。お父さんがお母さんを追い詰めたから、お母さんは早死にしちゃったんです」と言うのです。彼は、「お母さんを殺したのは親父だ！」と、お父さんを恨み、何度も取っ組み合いのケンカをしたらしいのです。そして今は親と離れて一人暮しをしていました。

しかし、その心が今度は自分自身を蝕み始めたのです。お父さんに対する憎しみの心が自分に向かっていったのです。そして、拒食状態になってしまい、みるみる痩せて、ついには生活保護で暮らすようになってしまったのです。

人間の業《ごう》の心を放置しておくと、病気になってしまったり、人にぶつかっていくこともあるのです。知らない自分が思いもよらない形で出ることもあるのです。

こういった業的な心を消していくには、愛の光を放っていくしかありません。その愛の光が出てきたら、闇が消えるのです。自己の内にある神の愛の光を出していって、光から闇を見た時に、もう闇は存在していないことに気がつくのです。

自分が輝けば人のためになる

私たちの心は、周りにいる人たちと、深いところで密接につながっているのです。自分が心に引っ掛かりを持っていると、必ず自分の周りにいる人たちに、悪い影響を与えるのです。逆に、自分にわだかまりがなくなり、自身が光輝くことができれば、周りの人たちに、その光が届き、良い影響を与えることができるのです。

埼玉県に住む浅野有香さん（32・仮名）は、嫌みや小言をいうご主人のお母さんのことが大嫌いで仕方がありませんでした。そして、そのことが原因で、いつも夫婦ゲンカを繰り返していました。

それでも彼女は、何とかお義母さんと仲良くしなければいけないと思い、お世辞を言ったり、自分をよく見せようとしていました。しかし、そんな彼女の努力も報われるどころか、「こんなに努力しているのに私のことを全然わかってくれない」という思いが強まり、返って関係は悪くなっていきました。

そんな彼女が、ご主人の勧めで真我開発講座を受けることになりました。

講座の中で、彼女は、お義母さんとの関係に焦点を当てて実習に取り組みました。

最初のうちは、お義母さんの悪口ばかりが思い浮かびましたが、しばらくすると、突然、お義母さんのいいところが思いもよらず次々と浮かんできました。あんないいところもある、こんないいところもある、とお義母さんのいいところがどんどんわかってきたのです。

「ああ、私が悪かったんだ！　今まで私は、お義母さんの悪いところしか見ていなかったんだ！」

そう思えた瞬間、今までのいろいろな思いが全部出てきて、彼女の目からは、堰を切ったように涙があふれ始めました。泣いても泣いても涙が止まりませんでした。そして、「自分はありのままでいいんだ、好かれようとして無理をしたり、格好をつけようとするから、うまくいかないんだ」と気づくことができたのです。

それから、浅野さんは、十年間お義母さんに隠していたことを打ち明けました。

「私、実は隠れてタバコを吸っていたんです……」

するとお義母さんは、意外にも笑顔でこう答えてくれました。

「隠されているよりいいわよ。これからは何でも話してね！」

この一言で、彼女は十年間の苦しみから一気に解放されたのでした。

さらに、もう一つ驚くことがありました。

最近、彼女のご主人が、心臓の痛みに襲われて苦しんでいたのです。ご主人のお父さんが心臓病で亡くなっていたので、これは遺伝だから早く病院に連れて行かなくてはと周りは心配していました。

ところが、それは遺伝ではなく、彼女がご主人の心を苦しめていたからだということがわかったのです。彼女がお義母さんのことを嫌っていたために、ご主人はずっと二人の間で苦しんでいたのです。それが心臓の痛みとして現れていたのでした。ですから、彼女がお義母さんのことが好きになった途端、ご主人の心臓の痛みもピタッと治ってしまったのでした。

これは、奇跡でも何でもありません。心の深いところでシンクロニシティーが起きたのです。実は、私たちは全部つながっているということの証明なのです。彼女とご主人とご主人のお母さんが、全部深いところでつながっていたのです。

灯台のように、遠くを照らすと足元は暗くなります。逆に足元だけを照らすと、遠くは暗くなります。人のためにやろうと思ったら、ウソになります。また、自分のためにだけやったら、エゴになります。そうではなく、灯台そのものが光そのものになれば、そのことによって、自分の一番近くにいる人たちがその光の恩恵をこうむることになります。ご主人も子どもも、そして両親も、みんながその光の恩恵をこうむることになります。ですから、自分からまず光るということです。

人の光を、人の親切を、人の愛を求めるのではなく、自らが光の人になり、自らが愛の人になり、自らがその光を与えるのです。そうすれば、人のためにやろうなどと思わなくてもいいのです。自分自身が輝いていたら、その光は必然的に人のためになっていくのです。そうすると、人に「してやったのに……」といった恩義をきせなくてもいいのです。本当に楽な世界に入ることができるのです。

そして、すべての人たちが全部つながっているんだということを、自分の体験によって気づいていくことが大切なのです。まず自分。そして、今から変化するのです。それが、これからの時代に、最も大切な生き方だといえるでしょう。

真実を観ると感謝の想いがわきあがる

人に感謝すること、愛すること、物事をプラスに考えること、積極的になることなど、私たちにはいろいろ大切なことがあります。

しかし、私たちは、そういったことを人から教えられなくても、本当の真実を受け止めていると、自然とそのようにできるようになるのです。例えば、「親に感謝しましょう」と人から言われなくても、お父さんとお母さんがいなければ自分がいなかったという事実をしっかりと受け止めた時に、お父さんお母さんに対する思いが変わることができるのです。

野口直子さん（29・仮名）は、お母さんのことを大変嫌っていました。それは、お母さんが、亡くなったお父さんの悪口を言うようになったからです。次第にお母さんに反発するようになった彼女は、仕事をしても、人と話をしても、何も楽しく感じられなくなりました。そして、徐々に生きていること自体が嫌になってきたのです。

ある時、彼女のアルバイト先に、一人の青年が入社してきました。以前うつ病で悩んでいたという彼は、真我に目覚めたことですっかり元気になり、張りきって仕事をしていました。そんな彼の姿を見て、「ひょっとしたら、私も変われるかもしれない」と思い、真我の開発に取り組むことにしたのです。

彼女は、自分の内面を深く深く探っていった時に、ようやく今まで考えてもいなかった本当の自分に出会うことができました。

「今、自分がいるのは、神さまが初めに人間を作ってくれたからだと気づいたんです。それがどんどん広がって、先祖がいて、親を産んで、そして今ここに私がいるってわかったんです！」

そう気づいた瞬間、お母さんに対する彼女の気持ちはまったく変わってしまいました。

「どんなに母が父の悪口を言っても、母は父のことが好きなんだとわかったんです。本当に嫌いだったら、お墓参りにだって行かないだろうなって……。そう思った時、母を心から許すことができたんです。母のことが急にいとおしく思えました」

それから急速に彼女とお母さんは仲の良い親子に戻りました。

「以前は、ご飯も別々に食べていたんです。たまに一緒に食べようとしても、母に『あなたの部屋で食べれば』と言われていました。でも今は毎日一緒です！　一緒に出かけるようにもなりました。今日もこれから母と出かけるんです！」

すっかり明るい表情になった野口さんは、本当に嬉しそうでした。

本当の自分、真我とは愛そのものなのです。彼女が、すべては愛でできているとわかった時に、お母さんがお父さんの悪口を言っていたのも、全部、好きだったから、愛があったからなのだと捉えることができたのです。ケンカも同じなのです。まったく知らない人とはケンカをしたりはしません。なぜケンカをするのかというと、仲良くなりたいから、愛しているから、だからケンカをするのです。

私たちが行動をする時に、深い愛の世界から見た時に、いろいろな現実が見えてくるのです。そこに彼女は気づいたのです。両親がいないと自分がいないという真実、宇宙の力、神の力で自分は生かされているという真実、そういう真実に気づくだけで、私たちは自然と感謝をしようと思わなくても、感謝の思い、愛の思いがわき上がってくるのです。

事実を観るのです。真実を観るのです。そこが最も大切なことなのです。

因果応報を繰り返さないために

これは、Ｋ・Ｔさん（23）からの手紙です。

「私は、真我開発講座『宇宙無限力体得コース』を受ける前までは、父のことを心から恨み、縁を切ったつもりでいました。でもずっと一生、父を恨んだままだと、自分も将来、離婚すると確信していたため、何とかしたい、何とか家族の問題を解決したい、せめて父に対しての恐怖心だけでもなくなったらどれだけ楽になるだろう…と思っていました。

受講して滋賀に帰ったら、いつものように父から電話がありました。いつもだとわざと留守電にしたりするのですが、『もしもしお父さん？』……。

それからは、お父さんが話す一言一言が、すべての私の事、娘の事を心配しているからだと、素直に話を聞くことができました。

そんな時、父の口から『子はかすがいだから、何にも替えがたい……。こんなみすぼらしい父で悪いな……』と。

私はただただ『お父さん、ありがとう。今まで素直じゃなくてごめんネ』という気持ちを伝えました。

そしたら父は『そんな事、改めて言わなくていい』って照れて、話をそらしてしまいました。

それから数日後、父は私宛てに、生まれて初めて一通の手紙を送ってくれました。

それから週に、二、三回の電話がありますが、『もうお前も年頃やで、いい人いたら早く結婚しないかんぞ。もし相手方の両親が、うちの事でなんか言ってきたら、お父さんが直接、相手方の両親に話しに行ったるで、心配するな……』って。やっぱり、私にとってのたった一人のお父さん。世界一のお父さんだって実感しました。

お母さんよりも、今はお父さんとうまくいっています。受講前の私にとっては信じられないです。本当に……。

佐藤先生をはじめ、スタッフのみなさん、本当にありがとうございました。真我ってすごいです!!

近いうちに、父と一緒に受講したいです。本当にありがとうございました」

彼女にとって、「日本一悪いお父さん」が「世界一いいお父さん」になってしまったのです。すごい変化です。

しかし、この手紙の中で、私にはどうしても一点、引っ掛かるところがありました。それは、「お母さんよりも、お父さんとうまくいっている」というところです。

なぜかというと、お母さんが再婚したからです。だから、どうしてもそこが彼女には引っ掛かるのです。それで、少しずつお父さんの方に心が向くようになったのです。

そこで、私は彼女に注意をしたのです。

「それじゃ、同じじゃないの。今までは心がお母さんに向かっていたのが、今度はお父さんに移っただけじゃないの」と。

「あなたにとって、お父さんとお母さんは、世界に一人しかいないんだよ。あなたの心の中に、お父さんお母さんのいろいろな人生があるけれど、それはお父さんお母さんの人生であって、あなたの決めることじゃないでしょ。お母さんじゃなくて、お父さんが再婚したらどうなるの？　そうしたら、誰もいなくなっちゃうじゃない。

だから、お父さんやお母さんがどうなろうが、そういうことに関係なく、あなたが今ここにいるのは、両親がいたからなんだということをしっかりと自覚して、完全にお父さんお母さんと一つになることなんだよ」

すると、彼女はもう一度講座を受けに来て、今度は完全に両親と一つになることができたのです。

今度はもう大丈夫です。因果応報で、親の失敗を子どもが引きずることはないでしょう。

私たちは、そういった因果応報をすべて超越しなければならないのです。そして、すべてを超越するには、真我の目覚めしかありません。私たちが真我に目覚めた時に、過去や前世のカルマは、消えてなくなるのです。

私たちが全体意識になった時に、そういった固体意識はパッと消えるのです。

先祖からの因縁を一瞬にして消す

〝親の因果が子に移り〟という言葉があります。親が子どもに継がせたくない因果を持っていたら、その因果は親から子どもへ、そしてまたその子どもへとずっと引き継がれていきます。親の姿を見て育てば、親を嫌っていた子どもが、また大人になって親と同じことをやってしまいます。そして、その子どもがまた同じことをやってしまいます。それが代々続いていきます。何と悲しいことでしょうか。

その因果は、どこかで修正しなければいけません。それには、自分が真我に目覚めるしかないのです。真我に目覚めることができれば、どんな因縁、因果も消し去ることができるのです。


札幌に住む橋本洋子さん（38・仮名）は、自分をとてもかわいがってくれていた父親が、六歳の時に突然蒸発してから、母親と母方の祖母からひどい虐待を受けて育ちました。それは、兄弟の中で彼女だけが、とても父親に似ていたからでした。

「お前は橋の下から拾ってきたんだ」「勉強なんかしなくていい。お前は女中なんだから」「お前は人にもらわれるはずだったんだ」……、働く母親に代わって、橋本さんを育てた祖母の口から出るのは、いつも彼女をののしる言葉ばかりでした。

彼女は、たまらなくなって、こっそり父親の実家に逃げて帰ったりしましたが、その時は、必ず家に帰ると母親から吹き飛ばされるほど殴られたそうです。そろばんで叩かれ、部屋中に血が飛び散り、体はあざだらけになりました。

彼女は、小学校から高校まで、学校でもいじめられ続けました。

「どうしてこんなに辛い目に合わなきゃいけないんだろう。私は何のために生まれてきたんだろう」。彼女は小さい頃から、そう考え続けてきました。

やがて彼女は結婚し、三児の母となるのですが、今度は、小学校に通う長女が、学校でひどいいじめに合っていることを知らされました。長女へのいじめは、中学校に入るとますますエスカレートしてきました。

自分自身も人間関係で悩み続けていた彼女は、何とかしなくては……と思い、藁をもつかむ気持ちで真我開発講座を受けに来ました。

橋本さんは、受講を通して、自分の中に渦巻いていた膨大な量の恨み、つらみ、憎しみを、次々と捨てていきました。そして、ようやくその一番奥にある真我に出会うことができ、小さい頃から探し求めてきた〝自分の生まれてきた意味〟を知ることができたのでした。

「私は、これまで受け継がれてきた悪い因縁を断ち切らなければならなかったのです。私の代で断ち切らなければ、それは子どもに引き継がれ、その子孫へと永遠に続いていくことでしょう。娘の姿が、それを教えてくれていたのです。今までの苦労のすべては、〝自分の生まれてきた意味〟を知るために、私が経験しなければならなかった大切なステップだったのです。そう気づいた時、これまでの辛く苦しい思い出が、すべて感謝に変わりました」

そして、このことに気づくと同時に、今まで憎くて仕方のなかった祖母への気持ちが、まったく変わってしまいました。「祖母は、私をいじめることしかできなかったんだ。そうしないと自分がもたなかったんだ」ということに気がついたのでした。

そして、心配していた娘さんも、徐々にいじめられなくなっていったのです。

では、なぜ、これほどまでも辛く苦しい人生を送り、親や周りに対する凄まじい因縁を背負っていた彼女が、真我に目覚めることによって、因果をきれいに消すことができたのでしょうか。

それは、真我が、自己の内にある神の心、愛の心、光の心だからです。

仮に、一億年前からの暗闇と、昨日できた暗闇が、ここにあったとします。その上から光を照らしたらどうなるでしょうか。当然、両方とも同じように光り、その暗闇は消えることでしょう。真我の神の心を引き出すことによって、私たちの因果、先祖の因縁、前世の因縁はことごとく愛に変えることができるのです。

受講後、さらに奇跡が起きました。彼女をいじめていた祖母は、数年前から末期の肺ガンでずっと入院していたのですが、ガンは全身に転移してしまい、手術もできず、「もう手の施しようがない」と医者から言われる状態でした。

彼女は受講の翌朝、寒空の中病院へ駆けつけ、ベッドに横たわって目を閉じたままの祖母を見て思わず手を握りました。すると、何と祖母は目を開けたのです。それから一週間通い続けて、祖母の手足や背中をさすってあげました。

すると、その二週間後のことです。レントゲンを撮ると、何とガンが消えていたのです。肺には、肺炎の痕跡のようなものしか残っていませんでした。

そして、祖母は彼女に「今まで苦しめてごめんな……」と言いました。こうして橋本さんとおばあさんとは、完全に和解することができたのでした。

原点は両親への感謝

私たちは人間関係で喜んだり悲しんだり、また成功したり失敗したりします。では、その人間関係の原点は何でしょうか。オギャーと生まれて、一番最初にできる人間関係は、言うまでもなく両親です。ですから、お父さんお母さんとの人間関係で、人生の方向性がある程度決まっているともいえるのです。

両親がケンカばかりしている姿を見て育つと、その子どもは、大人になっても結婚願望を持たなくなります。また、例えば女性がお父さんを恨んでいると、その恨みをご主人に対して晴らしてしまい、夫婦生活がうまくいかなくなるということがしばしばあるのです。まさに因果応報といえるのです。

しかし、親というものは、どんな子どもも愛しています。どんな子どもであったとしても心から嫌いな親はいないはずです。子どもを本当に愛する心が、最も一番深い心なのです。そんな親の心を本当にわかれば、自分の子どもに対する姿勢も、ご主人に対する姿勢も、友達に対する姿勢も、全部はっきりと見えてくるのです。

そして、最も恩義のある両親に感謝をできるようになることが、人間関係を改善する原点ともいえるのです。そのことによって、いろいろな人にも感謝できるようになるのです。そして、その結果、仕事も家庭もうまくできるようになるのです。

千葉県に住む米山房子さん（70・仮名）は、真我開発講座の中で天国にいる両親の愛をひしひしと感じることができました。

「ああ、父も母も、私がこの年になっても、いまだに見守ってくれているんだな、というのがわかりました。そんなことは思ってもいなかったから、本当にありがたくてありがたくて……。ちゃんとしなくちゃと思いました」

彼女は、今まで生きてきた中で、本当に困ったなあ、どうしようかなあ……と悩んでいる時に、突然お金が入ってきたり、ふっと救われたことが何度もあったそうです。これは何なのかなあ、と自分でも不思議だったものの、その時には、ただ運が良かったんだくらいに思っていました。しかし、彼女には、それは親が見守っていてくれたからだということがわかったのです。

米山さんは、それから、とても落ちついた穏やかな気持ちで毎日を過ごせるようになりました。自分はこれから必ず良くなると思えるようにもなりました。

そして、彼女の思いが変わったことによって、友人たちにも影響を与えるようになってきました。

幼い頃に母親を亡くした友人が、彼女にこう話した時のことです。

「幼い私を残して逝っちゃうんだから、私の母には愛情がなかったんだ。だから、今の私は愛情不足なんだ」

米山さんには、真我に目覚めて親の愛を知った感激がありましたから、その友人にこう聞いてあげました。

「今、自分の子どもが、あなたが親を亡くした歳だったとして、あなた、子どもを置いて死ねる？」

「死ねない」友人は答えました。

「お母さんだって同じだったんじゃないの？」

「……」

そこで友人は初めて親の気持ちに気がつきました。

「ああ、私は本当に母に申し訳なかった」

これを機に、友人の母親に対する気持ちは、ガラッと変わったそうです。

親子は一つ

鹿児島に住む下河清美さん（45・仮名）は、今の生活そのものが不満だらけで、何をするのも苦痛で、精神的にとても追い込まれた状態でした。

ご主人は、何でも自分の言う通りにしないと機嫌が悪くなる性格で、彼女は仕方なく自分を押し殺してご主人に従ってきました。それでも、心の中では、そんなご主人を責めて続けていました。また、一人娘については、なかなか精神的に自立できないでいることと、親にすぐ反発することに悩んでいました。

そんな彼女も、真我に出会った時、今までの悩みは全部吹き飛んでしまいました。

「とにかく感激しました。本当の自分が見えた時、自分自身に感激したんです。そして、今まで何てちっぽけなことで悩んでいたんだろうと思いました。本当の愛とはどういうことなのかがわかって、嬉しくて嬉しくて……」

彼女は、真我に出会った夜、不思議な体験をしました。布団に入って目を閉じると、紫と金色の混じったオーロラのようなものがまぶたに広がって、絶えることなく次々と揺れていたのでした。彼女は、自分がそんなものを見るなどとは夢にも思わず、本当に不思議に感じたそうです。

私たちは、心が調和をしてくるとオーラが見えてきます。調和の色は、金とか白とか紫が特に多いのです。私の講座を受けている方に、そういう体験をする方がよくいます。それは、心が調和をしていった証拠ともいえるのです。お坊さんの袈裟もそういう色が使われています。私たちの心というのは、調和の世界に入ると、そういった色が出てくるのです。

受講後、彼女は、ご主人に対して自分の気持ちを素直に表現できるようになりました。ご主人もそんな彼女の変化にいち早く気づき、彼女に対する接し方がとても優しく変わっていったのです。

娘さんも、今まで言わなかったことまで、何でも話してくれるようになりました。そして、下河さんが悩み始めたちょうどその頃から、実は娘さんもいろいろ悩んでいたことを知りました。彼女は、母と娘は一つなんだ、つながっているんだということを強く感じたのです。

彼女は、すっかり娘さんと話すのが楽しくて仕方なくなりました。以前は一緒にデパートに行っても、買い物をするだけでさっさと帰って来ていたのが、今はお互いが話したくて話したくて、ゆっくりできる喫茶店に入っては、一時間も二時間も話をするようになったのです。そして彼女は、娘さんは自分が考えていたよりもずっとしっかりしているということにも気づくことができたのです。

「今までいろいろ悩んでいたのがウソのようです。お陰さまですべてが本当に楽になりました！」

後で聞いたことなのですが、下河さんが講座を受講しているまさにその間、娘さんも何度も涙を流していたそうです。彼女が講座を受けていたわけではないのに、お母さんの涙が遠くの娘さんに伝わってきて涙を流していたのです。お母さんの心が、全部娘さんに伝わっていたのです。まさに親子は一つだということを証明したのです。

娘とつながり、ご主人とつながり、周りにいるいろいろな人たちと一つなんだということがわかることによって、すべての人たちをいとおしくなり、愛せるようになったのです。そして、心が楽になり、自分自身を責めなくてもいい、苦しまなくてもいい、ただただ毎日毎日、一時も休まず喜びの人生を送ることができるのです。そうです。喜びは自分の内にあるのです。

心の問題と現実の問題は一つ

真我開発講座を受講された方の中に、十九歳で髪の毛が全部抜けてしまっている女性がいました。可愛いお嬢さんでした。

最初に講座を受けられたのは、彼女のお母さんでした。講座を受けてすっかり幸せになったお母さんは、家に帰ると娘さんに向かって「あなた、幸せ？」と聞きまいした。すると、娘さんは「フン、私なんかいいの！」と言って、部屋にこもってしまいました。

その時、お母さんは「ドキッ！」としたというのです。「私は自分のことしか考えていなかった！」と気づいたそうです。そして、すぐに私の所に電話をかけてきました。

「佐藤先生、ぜひ、うちの娘と会ってください！」

娘さんは、部屋にこもりっきりでしたから、私は部屋まで会いに行きました。

そして、彼女に「どうして、頭がそんなふうになっちゃったの？」と問いかけると、彼女は少しずつ心を開いて答えてくれました。

「子どもの頃から、お父さんとお母さんがケンカばっかりして、怖くて怖くて……。それで髪が段々抜けちゃったんです」

お母さんは心のことに目覚めてきているのですが、お父さんが、まったくそういうことに興味がありませんでした。「そんなもの、勝手にやっておけ！」と言って、まるで相手にしないのです。ただ、お酒を飲んで、ワーッと騒いでいるのが好きな人なのです。

そこで私は、お父さんに話しかけました。

「お父さん、娘さんの頭が禿げているのは、なぜだかわかりますか？」

お父さんは「うん、何か変なシャンプーでも使ったんじゃないか」と答えるのです。

私は、（これはダメだ！　よし、ケンカしてでもわからせてやろう！）と思いました。

「お父さん、何を言っているんですか！　娘さんは、お父さんとお母さんが子どもの頃からケンカして、それが怖くて怖くて禿げたって言っているんですよ！」

すると、突然、そこに彼女のお姉さんが飛び込んできて、お父さんの前に正座して、ボロボロ涙を流しながら訴え始めました。

「お父さん。私も妹と同じ気持ちだったのよ！」

さっきまでお酒を飲んでいたお父さんは、娘の話に驚いて、ピタッと酒をやめ、黙りこんでしまいました。

私も続けて言いました。

「あなたが、大黒柱なんですよ。あなたが変わらなきゃ変わらないよ！　いいんですか。このままでは、死ぬに死ねないじゃないですか！　娘さんがこんなに落ち込んで、どうするんですか！　あなたの娘さんなんですよ」

そして、ついにお父さんが「わかった……。オレも一回佐藤さんの講座を受けてみる」と言ったのです。結局、お父さんと娘さんの二人が受講することになったのです。

お父さんは、少し苦労されましたが、最後には真我に目覚め、ワーッと泣き出しました。それを見た娘さん二人も、「お父さーん！」と抱きついて、三人で大泣きしていました。それから、完全に家族は一つになったのです。

精神世界と現実とは別物だと思っている方が多いです。しかし、決して別ではないのです。心の問題と現実の問題は一つなのです。

愛の眼を開く

私たちにとって大切なことは、心の眼を開くということです。

私たちは肉眼を持っていますが、人は通常この肉眼で見えるものしか判断できません。自分の肉眼で見えないものにはまったくお手上げなのです。ですから、人の言葉に振り回されたり、人のちょっとした動作で落ち込んだり、また元気になったりしてしまいます。しかし、心の眼を開いて、心から物事を見えるようになった時に、この肉眼より大きな世界を観ることができるのです。そして、いろいろな人の思いがわかり、さらにその思いを受け止めることができるのです。

しかし、心の眼を開くよりも、もっと大切なことがあるのです。それは、心の奥にある真我、愛の眼を開いていくことなのです。

山根英子さん（55・仮名）は、娘の結婚ということから、ずっと目を背けていました。山根さん夫妻には、子どもが娘一人しかいなかったからです。

「娘が結婚して家を出て行ってしまったら、家は途絶えてしまいます。そうしたら、大勢の仏様のいる家のお墓を、誰が守っていくのか心配なんです」

娘さんは、その時、勤め先で知り合った男性と二年半交際していて、結婚を望んでいました。しかし、山根さんは、娘の交際相手が長男だったので、娘が「彼と結婚したい」と言っても、話を聞こうとはしませんでした。

ところがそんな彼女も、真我に目覚めることによって、すっかりとモノの見方が変わりました。今までは、自分はこうしなければいけないという固い殻の中にいたのが、もっと自然でいいことがわかり、とても楽になることができたのです。

それからしばらくして、娘さんが妊娠しました。以前の山根さんだったら、娘さんのことを責めていたことでしょう。しかし、その時彼女は、「すべては自然に任せた時に一番うまくいくはずだ」と思えたのでした。それればかりか、自分になかなか赤ちゃんができなかったということもあって、娘に赤ちゃんができたことを心から嬉しく思うことができました。そして、今まで知ろうともしなかった娘の彼氏のことや、彼の家族のことを知り始め、相手の家族をみんな受け入れることができたのでした。

心配していたお墓のことも、娘が幸せになる方が、ご先祖様も喜んでくださるだろう、という思いに変わりました。

「今までの私は、いつもくよくよして心配ごとを探していたんです。でも今は何でも、

〝きっとうまくいく〟と思えるんです。天と地ほど違う感覚ですね！」

山根さんは、愛の眼を開いていくことによって、自分はいかに恵まれているのか、いかに愛されていたのか、ご先祖様を始め、あらゆる人たちの愛の恩恵を受けていたということが、愛の眼を開いた時にわかったのです。その愛の眼を開いた時から、彼女の人生はまるで生まれ変わったかのように一変したのです。

私たちの心の一番奥にある世界こそ真我です。そしてその真我は愛そのものです。その愛の眼で見られるようになることが、私たちの人生を最も快適にしていく生き方なのです。

私たちが心の眼を開いていないと、どうしても形にこだわってしまいますから、家を守るとか、後を継ぐという発想になってしまうのです。自分の血を受け継いだ娘が産んだ子なのです。名前などにこだわる必要はないのです。魂がすでに受け継がれているのです。自分の血を継いだ子がいるということは、それは家を受け継いだということと同じです。家というのは木材で建てた家のことではなく、私たちの魂が家なのです。この魂の家を受け継いだということなのです。

きっと自分自身の心が、魂の次元で気がついた瞬間に子どもができたのです。まさに、神さまが、魂の後継ぎをプレゼントしてくれたということです。彼女が目覚めたことによって、神のプレゼントが届いたということなのです。

お墓にしても、普通通り繋がっていくのがいいのでしょうが、女性は結婚してご主人と同じお墓に入るものです。嫁いだ家の人間になります。そういうことにこだわる人もいるかもしれませんが、名前や家など、そういうものだけにこだわっていると、いつまでたっても、人と本当に一体になることは難しいのです。

人類はみんな一つだという捉え方をした時に、どこの家に入るとか、どこの墓に入るということは大切な問題ではなくなります。それよりも、他人であったご主人や奥さんを、それだけ愛せるようになったということこそが素晴らしいことなのです。

自分の親戚縁者、先祖代々だけを愛するという考えではなく、先祖からの血筋を越した世界がまさに神の愛といえるのです。その時に、お墓の問題もそして先祖の問題も自動的に解決していくのです。

問題は自動解決

真我を開くと、いろいろなものがすべて自動的に解決する世界があります。

人間関係の絡みというものがあります。これは、こちらを解いたら、またあちらが絡まってしまう、ということの繰り返しです。いくらやってもダメです。「これは誰々が悪いんだ」と、相手のせいにばかりしていれば、いつまでたっても変わらないのは当たり前です。

人間関係の絡みは、その一つ一つを解いていくのではなく、まったく別のところでスーッと解くと、その複雑に絡み合ったものがパラパラパラパラと外れて、自動的に解決していく道があります。

以前、とても家族の状態が悪い方が真我開発講座を受講されました。夫婦仲が悪く、三十歳を過ぎた息子さんも心の中がひどい鬱のような状態で、仕事も手につかず、借金だけ何百万も作っていました。彼は真我開発講座を受けた時も、初めはお母さんをぶっ飛ばそうとしていたのです。それくらい心の中ではお母さんを恨んでいました。

また、ご主人と、ご主人の双子の弟さんとが、遺産相続で骨肉の争いを繰り広げていました。ある日、大喧嘩の末にご主人が弟さんを殴ってしまい、弟さんは脳挫傷を起こし、言語障害になってしまいました。その後、ご主人自身も重い病気にかかってしまいました。

そのような状態が何年も続き、「もう首を吊って死のうか」とご主人は言っていました。すべてグチャグチャの家庭だったのです。

ところが、息子さんがある縁で真我開発講座を受講して、真我に目覚めていってからというもの、すべての問題が自動的に解決してしまったのです。

遺産相続は、奪い合いだったのが、譲り合いになったそうです。その殴られた弟さんも頭が治ってきて、元気に仕事もできるようになったのです。そして、その弟さんが、「おれはあいつに命を救われたから」と言い、お兄さんの息子さんの借金を全部肩代わりまでしてくれました。

何もかも全部解決していったのです。この家族が何をやったかというと、それはたった一つ、真我を開いているだけです。これは、まさに神通力です。

神は愛ですから、愛そのものになって、周りの人たちに愛の光を当てていくと、問題が解消されるのです。絶対解決できないような問題でも、パタパタと解決していくのです。

第三章　呪縛からの解放

迷信に動かされるな

島根県の松尾智子さん（42・仮名）の家の庭には、長い間先祖供養のため、氏神様を祭った大きな石が置かれていました。ある時、その石があまりに大きいので、夫婦で話し合って取り除いたところ、その後悪いことばかりが続いたそうです。

そんな時、真我開発講座のことを知り、彼女はご主人と二人で講座を受けました。真我に目覚めた彼女からは、石に対するこだわりがスーッと消えてしまいました。形ではないことがわかったのです。形などなくても、神は絶対守ってくれるという確信が持てたのです。

実は、彼女が受講しようと思ったのは、石のことだけではありませんでした。彼女自身が行き詰まっていたのです。いつも心がモヤモヤしていて、何をしてもうまくいっていなかったのです。さらには、ご主人の経営する建設会社もうまくいかず、ご主人のことをあれこれ責めてはケンカをし、またそんな自分自身も責めて苦しんでいたのでした。そして、何とかそこから抜け出したいと思っていました。

彼女は、講座でもう一つ、大きな気づきを得ました。

「なんで今までこのことに気づかなかったんだろう！　と思いました。これまでは、『絶対私が正しい』と思ってがむしゃらにやってきたことが、みんな間違いだということに気づいたんです。主人にも本当に申し訳ないことをしたと思いました。それから、主人に対してまったく愚痴が出なくなりました。今までは『なんで私ばっかりこんなに苦労するんだろう』って思っていたんです。でも今は、何があっても『これは良くなるための薬。これから先は絶対良くなる』って思えるんですよ。だから、いつも明るいんですよ」

彼女たち夫婦が明るくなると、それと同時に、九歳の娘さんも大変明るくなったそうです。前は、学校でテストの点が悪かったりすると、悔しいのと残念なのとでよく泣いていたそうですが、今は「もうちょっと勉強しなさいってことね」と笑えるような余裕が出てきました。

さらに松尾さんは、講座のたった二日間で、長年握り締めていた宗教へのこだわりも消えてしまいました。彼女から「私が正しい」という思い込みがすっかり消えて、本当にスッキリとした心になることができたのです。

松尾さんの例は、私たちがいかに迷信に動かされているかということを教えてくれます。氏神様の石を取ったら不安だとか、方位方角が良くないとか、今まで持っていたお札《ふだ》を放すと罰が当たるよとか、私たちはいろいろな迷信で動かされています。これからの私たちは、迷信から卒業しなければいけません。仏像も溶かせば単なる真鋳なのです。お札《ふだ》も単なる紙切れです。石は石なのです。

なぜ私たちはこのような迷信から早く卒業しなければいけないのでしょうか。それは、迷信を利用して、悪用する人が出てくるからです。そのような心を利用してお金を儲けようとする人も出てきます。その結果、いつも恐怖に苛まれ、不安に苛まれる心の犠牲者も出てきます。

心臓を動かしているのは、私たちの意思ではありません。毛細血管はつなげると地球を一周するくらい長いといわれていますが、その毛細血管の隅々にまで休まず血液を送っているのも、私たちの意思ではありません。食べたものは消化吸収し、血液となり肉となり、要らないものは前と後ろから排出されます。この心臓はある一定のリズムで動いています。髪の毛は早く伸び、眉毛はすぐに伸びません。目は暗いところに行くと、パッと瞳孔は開きます。現代技術でいくら研究しても、この目はなかなかできません。男女が出会って妊娠し、子どもが生まれる頃には、自然とおっぱいが出てきます。

まさにこれは生命の神秘、宇宙の神秘なのです。私たちは自分であって自分ではないのです。まさに神の現れと言ってもいいのです。私たちが頭で描く自分ではなく、もっと大きな見えない力に動かされているのです。自分の意思で動かせるのは、手と足と、目と口が少し動かせる程度で、ほとんど見えない世界で動かされているのです。これを神と言わずして、何と言うのでしょうか。

人間が作った真鋳だとか、紙切れだとか、そんなものを私たちは拝んでいるのです。もし、敢えて仏像を拝むとしたら、お釈迦様のあの柔和な美しい顔が心に反射をし、その心があなたの心から出てくる呼び水として拝むことです。

神はあなたの中にいるのです。そして、あなたは神の現われなのです。それがわかれば、何も怖がることはありません。宇宙には方位方角はありません。宇宙は、あなたが愛そのものに目覚めていった時に、全方位になるのです。あなたの行く所すべてが、喜びと愛と感謝に満ちあふれた世界になり、無限に広がっていくことでしょう。

これからは、神である本当の自分に目覚めていくことが大切なのです。

離婚寸前の夫婦が新婚同然に

ある三十代のご夫婦からいただいた手紙を紹介します。

このご夫婦は、私が初めてお会いした時から、絶対に離婚したいと言っていました。最初に、ご主人が真我開発講座を受けました。すると心が変わり、奥さんと離婚したくなくなったのです。そこで彼は、奥さんにも何とか真我を開いてもらおうと、強引に奥さんを講座に連れて来たのです。

ところが、奥さんは、無理やり連れて来られていますから、まったく真剣に取り組みません。講座の中で、紙に自分の名前を書くことがあるのですが、自分の苗字を書かないのです。「どうせ別れるんだから、苗字など使いたくない」と言うのです。奥さんは、ご主人の家族のこともみんな嫌いでした。また、ご主人が自分に一メートル近づくだけで、耐えられませんでした。そして、子どもも、なるべくご主人に近寄らせないのです。ご主人は毎日居間で寝ていました。

奥さんは、講座中も「私は絶対離婚する」と言っていました。

その後、二人で一緒に受講に来た時には、「どんなことでもいいから、とことん二人で話し合ってごらんなさい」と、二人だけ別の部屋で徹底的に実習してもらいました。あんなことは前例がありません。私はその二人の様子を定期的に見に行って、二人だけ個別に講座を進めたのです。

すると、何度目かの受講の時に、その彼女がまったく変わってしまったのです。

受講後に、その奥さんから届いた手紙を紹介します。

「私たち夫婦は、約十年の間、いろいろな行き違いですれ違っていました。

初めは、夫に女性がいるのではないか…という小さな疑いからでした。

そこから、姑との問題、お金の問題と、たくさんの問題が出てきて、年ごとに、日ごとに自分が苦しくてたまらなくなりました。

自分には何もないと思っていました。お金もない、時間もない、頼る所もない、自分を愛してくれる人もいない…。

夫への愛情はまったくなく、ただただ〝この人さえいなければ、私も子どもたちも幸せでいられるのに〟と思っていました。隣に座る事はおろか、同じ空間にいる事も耐えられない事でした。朝、家を出る夫の姿に〝もう帰ってこないで〟と祈っていました。

子どもたちのために、父親が必要なのはわかるけれど、この人ではダメだとか、私さえ我慢していればいいんだとか、そういう思いでいっぱいでした。

そんな自分ですから、何があっても良い事のようには思えず、ますます自分で自分を苦しめていました。耳が聞こえなくなってしまいたい、目が見えなくなってしまいたい、喋れなくなってしまいたいと…。

心を亡くしてしまわなければ、自分は存在できないと決めつけていました。

初めにセミナーに参加した時に、夫に〝自分の人生をもっと考えて欲しい〟と言われましたが、私は、とにかく行けば離婚してもらえる、という思いしかありませんでした。とりあえず二日間過ぎればいい、私の考えは、何も間違ってはいない、そう思っていました。

何度かセミナーを受けるうちに、私の中に小さな変化が生まれました。

〝どうせ別れるつもりでいるのなら、ご主人に何を言っても怖くないでしょう〟と佐藤先生に言われて、〝ああ、そうだな〟とそんな事に初めて気づきました。

知らず知らずのうちに、夫には何一つ話をしようという気持ちがなくなり、次第に話をする事が怖くなり、話そうという気持ちもなくなっていました。

そして、ひとつふたつと自分の抱えている不安や不満を話しているうちに、少しずつ心が軽くなっていきました。

自分で本当に自分を見つけたいという気持ちでセミナーに参加した時、私の心は大きく動きました。セミナーに参加する前から、佐藤先生のCDを行き帰りの車の中で毎日聞き、自分が生きている事の幸せ、子どもたちが元気でいてくれている幸せ、世界中六十五億の人の中で、私はたった一人のかけがえのない自分…。命のありがたさを、少しずつ感じられるようになりました。

そして、「宇宙無限力コース」を受講した時、これまでとはまったく違った自分に出会えました。

そして初めて、〝早く家へ帰って、夫と子どもたちに会いたい〟と思いました。自分の中から喜びがあふれてくるような感覚が、とても心地よく幸せに思えました。セミナー中、佐藤先生には〝まだ夫の隣に座れるかどうかわからない〟と言っていました。先生も〝心から先にやっていけばいいんだよ〟と言ってくださいました。

でも家に帰って、子どもたちが眠った後、夫の隣に座る事ができ、〝よかったね、がんばったね〃と夫が私の頭をなでてくれた時に、その手のぬくもりが体中に伝わりました。

そして、自分でも考えてもいなかった言葉が出ていました。〃ごめんね、あなたも辛かったね、ごめんね〃と。

心の底からわきあがってきた言葉でした。そして、そのひと言で、夫も私も、十年のわだかまりが一瞬でとけていったのを感じました。

今、毎日楽しく、幸せに生活しています。借金を返さなければならない事も、お互い忙しく仕事をする事も変わりません。夫の両親が近くに住んでいる事も、私の友達や親兄弟が、遠く離れている事も変わりません。

でも、今まで自分で決めつけていた自分ではなく、本当の自分に出会えた事で、これまでどうにもならないと思っていた事が、何でもない事なんだと思うようになりました。誰のせいでもない、すべては自分から始まっていた事だったと…。

愛して欲しいと思うばかりで、自分は誰一人自分自身すら愛していなかったと思います。

毎日、体中で幸せを感じる事ができ、生きているって素晴らしいと、すべてに感謝する日々です。子どもたちも、とても明るくなりました。どうにもならない事は何一つなかった、夫の両親とも仲良く、分かり合えるようになりました。

こんなに、幸せな日々を送る事ができているのは、佐藤先生をはじめ、私の行きつ戻りつの話を嫌な顔をせず聞いてくれて、何よりも強く支えてくれたスタッフのみなさん、そしてたくさんの人達のおかげです。

私も少しでもお役に立てるように、これからますます素直な心で、優しく、大きな愛で、たくさんの人を包んでいきたいと思います。

また是非お会いして、元気な私の姿を見ていただきたいと思います。本当にありがとうございました。」

H．H

さらに、ご主人からの手紙も同封されていました。

「昨年11月に初めて両親、兄弟と真我開発講座を受講し、自分の抱えている離婚問題を語ってから1年が経ちました。

この数年間、夫婦であって夫婦でなかった私達でありましたが、今年11月のセミナーで妻は180度変わりました。今まで離婚離婚と騒いでいた妻が、私から離れなくなりました。優しくなりました。昔以上に…。

思えば、去年2月、私にとっては3回目のセミナー、妻にとっては初めてのセミナー前夜、私達はホテルの部屋で離婚届にサインをしました。私の出した条件が、3つのセミナーを受講する事で、離婚を受け入れるまでに少しでも妻に変化が起こればという願いから出たものでした。

その後3回、4回と受講回数が増えても、私達夫婦の関係が良くなる事はありませんでした。

ところが、今年の10月、妻は自ら受講すると言い出し、5回目にあたる11月のセミナーで急展開したのでした。

家に帰り着き、子どもが寝静まると、妻は、「今までごめんなさい。あなたの苦しみをもっと早く気がついてあげればよかった」と初めて妻の口から「ごめんなさい」

という言葉が出てきました。結婚して13年、この言葉を聞くのは初めての事です。その日から私達は、今までがうその様に仲の良い夫婦となり、毎日を楽しく過ごしています。もちろん、ミッドナイトサイエンスの方も新婚時代の時以上となりました。今、二人でもう一度セミナーを受講し、最後の仕上げをしようと話をしています。私も妻も愛したい、愛されたいという気持ちを素直に出せず、裏目裏目に気持ちを表してきた結果が、二人をおかしくさせた原因であったという事がわかりました。子どもたちも、明るくなり、休日も親子４人で楽しく過ごしています。佐藤先生、スタッフの皆様、本当にありがとうございました。私達夫婦、子どもたち、そして、両親、兄弟まで救っていただきました。今、感謝の気持ちで一杯です。ありがとうございました。」

M・H

人間というものは、思い込んでいる部分が大変大きいのです。真実ではなく、思い込んでいることを、事実だと思っているのです。しかし、自分でこうだと思っていることは、実はまったく違う場合があります。

講座中に「主人が大嫌いです」と何度も言っている奥さんに向かって私は「私には『好きだ』って聞こえるよ」と言いました。するとハッとした表情をしました。その人は、自分では自分自身のことがわからないのです。そして、起こった出来事に対して、「あの人はこういう人なんだ」と決めつけて、そのまま心の奥にしまい込んでいるのです。私たちがやっているのは、そんなことだらけです。

現状は何も変えていません。現状を変えたために、彼女が変わったのではありません。姑さんがいるのも変わりません。借金があるのも変わりません。夫も変わりません。周囲は何も変わっていないのです。

ただ、彼女自身の心が変わっただけで、夫婦関係も何もかもが、天と地ほども変わってしまったのです。

今や二人は、新婚時代よりも仲の良い夫婦になったのです。そして、二人の子どもたちも明るさを取り戻しました。

さらに、つい先日、私のもとに何とオメデタの連絡が飛び込んできました。

「〝真我ベイビー〟ができました！」とご主人が照れながら報告してくれました。

以前は、暗い顔をしていた彼が、今やまったく別人のようになってしまいました。「毎日が幸せ過ぎて、何だか、足が宙に浮いているみたいですよ！」

あなたは悪夢（錯覚）の中にいる

私たちは、過去のちょっとした人の言葉や行動を、強い印象としてずっと思い続けていることがあります。それが、自分の観念や思い込みとなって、自分を縛り、人を縛ることがあります。

それはちょうど夢を見ている状態と同じなのです。

私たちは怖い夢を見て、金縛りにあったり、寝汗をかいたり、悲鳴を上げたり、心臓がドキドキしたりします。しかし、ふとんから飛び起き、夢から覚めれば、そんな怖いことはどこにもなかったことに気がつきます。ところが、現実に私たちは汗をかき、心臓は激しく脈打っています。まさに私たちが夢に縛られているといえる状態なのです。

現実世界を考えてみても私たちは起きているのですが、寝ているのと同じ状態なのです。すでに終わってどこにもない過去のことを、いつまでも持ち越し苦労したり、未来のことをいろいろ心配し過ぎて取り越し苦労したり、人が自分のことを悪く思っているのではないかと勝手に思い込んでいたり、「あの人がこう言った、あんなことをした」という過去のことをいつまでもいつまでも怨念に思っていたりするのです。これは夢を見ているのと同じなのです。

私たちは、起きていて寝ているのです。ですから、本当に目を覚ませばいいのです。では起きていて目を覚ますということはどういうことでしょうか。それは、本当の自分、真我に目覚めるということです。真我に目覚めていった時に、私たちの悩みや、持ち越し苦労、取り越し苦労、いろいろな抱えている苦しみが瞬間に消えていくのです。私たちの悩みを一瞬のうちに消すことができるのです。

もし、人を恨んでいたら、逆に心から愛せるようになります。また、悩みや苦しみが病気として現れていたなら、まもなく病気は回復に向かうでしょう。そして、何と楽で自由自在な人生を送ることができるんだということに気づくのです。

三重県に住む山崎治子さん（57・仮名）は、以前ご主人から言われた一言に傷つき、それ以来、徐々にご主人を許せなくなり、やがて、ご主人の言うことなすことすべてを拒絶するまでになってしまいました。そして、そんな夫婦仲の悪さが、息子さんにまで影響を及ぼすようになったのです。

彼女の息子さんは、中学二年生の時から急に暗くなり、高校、専門学校を出た後は、職を転々としていました。そして、精神的ストレスで倒れ、病院に五カ月間も入院するまでになっていました。

山崎さんは、息子さんを何とか助けようと、あらゆる本を読んで勉強をしてきました。やがて、息子さんを助けるには、自分たちの夫婦関係を良くしなければならない、ということに気がつきました。しかし、現状を簡単に変えることはできません。頭ではわかっても、心がついてきませんでした。「〝夫婦仲良く〟と言われても、どうしても、〝こんな主人とは仲良くなんかできない〟という本音が出てきてしまいました」

彼女は、ご主人との関係を何とか良くしたいという気持ちで、真我開発講座に臨みました。

「あんな体験は初めてでした。主人に今まで何て申し訳ないことをしてきたんだろう、って涙が出てきたんです。涙とともに、今までの辛く苦しい思いが一気に流れていきました。そうしたら、とても楽になったんです！　これからもっともっと真我を開いていこうと思っています。息子のことも主人のことも、すべて自分次第だとわかって、今、とてもやりがいを感じています。そして、あれから息子自身も随分変わってくれました。車の運転の仕事を始めたのですが、とてもやる気になっていて、休みもあまりとらずにがんばっています。このごろは、『ボクがこの家を立て直すんだ』と頼もしいことを言ってくれるようになりました。これからが本当に楽しみです！」

真我の目覚めは悪夢からの覚醒

人はいろいろな呪縛にかかっている場合があります。人が自分のことをこう思っているのではないかなどと想像で一人相撲をして、常に誰かに縛られているような錯覚をしています。

中村里枝さん（43・仮名）は、主婦として家族に縛られ、家に閉じこもっていなければならないことに不満を感じていました。何か仕事をして経済的に自立し、自由になれたらいいのにと思っていたのでした。

しかし、彼女は真我に目覚めると、誰も自分を縛っていなかったことに気がついたのです。

「もう、すごく楽になりました！　前は気づかなかったんですが、今までずっと〝主婦だから、母だから、妻だから、嫁だから、ああしなければ、こうあらねば〟というさまざまな考えに縛られて、生活してきたんだということがわかりました。そういうのが全部スカーンと抜けて、したいことすればいいじゃない！　って思えるようになったんです」

彼女は、今まで周りの目を気にしてできなかったことをやるようになりました。

「友達と夜飲みに行ったり旅行に行ったり、食事の後ゴロンと横になってみたり、掃除をさぼってみたり、主人がテレビを見ていても、自分は自分で好きな本を読んでいたり…。それで驚いたことは、こういう私に対して家族は何も言わず、すべてを受け入れてくれるということです。誰も私を縛ってなんかいなかったんだ。自由を奪っていたのは自分自身だったんだと改めて思いました。今では、やりたいように何でもできて本当に幸せです。新しくトライしてみたいこともたくさんあります。毎日が楽しいし、未来も希望でいっぱいです！」

彼女は、何も自分を縛っているものはなく、縛っていたのは自分だけだったということに気づいたのです。これはとても大きな気づきです。

ほとんどの方が、見えないものに縛られ、自分で自分を縛り、自分を牢屋に入れてカギをかけて動けないようにしています。そして、金縛りにあったり、落ち込んでいったりします。まるで夢を見ているのと同じです。

私たちは本来自由なのです。一切、自分を縛る人はいません。たとえ牢屋に入れられたとしても、心までは縛れないのです。

もともと私たちは自由なのです。そのことに気づけばいいのです。自分の深い真我の自由を味わった時に、本当の意味で心は解放し、心から人を愛せるようになるのです。

では、私たちが不自由になるのはなぜでしょうか。それは、人にこう思われたい、こう見られたい、愛されたいというようにいろいろなことを考えて、人の目を気にし過ぎるからです。

そこから解放されるには、真我の愛、自己の内にある神の愛に目覚めることなのです。神の心で人と付き合った時に、人対人の壁も一切の障害物もなくなるのです。周りにいるすべての人は、みんな愛を求めているのです。そして、みんなが愛そのものだと気づいた時に、自分と他人の境目がなくなるのです。

その時、本当の意味の自由になることができるのです。自由というのは壁がなくなることを言うのです。

問題はなかったことに気づく

みなさんがこの世からいなくなる時、あの世にはお金も土地も財産も何も持って行けません。家族も肉体さえも持って行けません。そしてその時に、みなさんの本当の本音、深い所にあるみなさんの広い心が出てくるものなのです。

人間はいつか死ぬということがわかった時に、時間の尊さ、命の尊さ、人との出会いの素晴らしさ、生きることの喜び、この一瞬一瞬の幸せ、本当の自分、そういうものが見えてくるのです。

その時に、今までみなさんが生きてきて、あの人にはひどい目に遭わされた、あの出来事は苦しかった、と思い込んでいたことは、全部錯覚だったということに気がつくのです。みんな錯覚の世界で生きているのです。

みなさんが自分の肉体から離れてこの世から去ろうとする時、真我という宇宙の大きさの自分に目覚め、今まで握り締めていた小さな考え、小さな思い込みがまるで霧のように消えていくのです。夢のように消えていくのです。

問題を大事に抱えていたのは自分自身であって、最初から問題などなかったことに気がつくのです。問題があると思い込んでいただけ、夢の中で生きていたのです。

夢から覚めたら、みなさんは愛そのものになるのです。本当の自分は、神の愛そのものなのです。本当の自分は喜びそのものなのです。本当の自分は無限なのです。本当の自分は光そのものなのです。あなたの中にすべての無限の愛が備わっているのです。

素晴らしいことではありませんか。その素晴らしい自分に気づけばいいだけだったのです。その素晴らしい自分を光り輝かせればいいだけだったのです。

今みなさんが目覚めるのです。今までの自分というものを、一度この人生から葬り去って、新しい自分に生まれ変わるのです。そして、新しい自分を再生するのです。今日生まれ変わるのです。新しい人生の出発です。なぜならば、それが本当の自分だからです。限られた人生、一時も無駄にすることなく、喜びの人生を送ってください。今こそ本当の生き方、本当の人生を歩みましょう。

あなたは何者に頼らなくても、最初からあなたの中に正しい答えがあるのです。天はそんな素晴らしいものを私たちに与えてくれたのです。

その心で動けば、人ともぶつかりませんし、問題は何も起きないのです。

今は本当の自分ではない

人類は滅亡する方向に向かうか、真我に目覚めていくかのどちらかだと私は捉えています。病気になったらどんどんひどくなるか、回復するかのどちらかです。正確には現状維持などないのです。会社も倒産にまっしぐらか、繁栄にまっしぐらかどちらかです。

どちらに向かうかを決めるのはすべて心です。ですから、心がわからないと大変なことになります。心が荒んだまま生きていたら、ある時体に現れて、病気になって寿命が縮まってしまいます。みなさんが真我に目覚めたら、寿命も伸びるでしょう。手相から人相から全部変わってしまいます。心が変わるとすべて変わります。

今までの考えを全部一度外してください。こうだという思い込みを取ってください。自分の中に何にも比較できないほどの素晴らしい心があるのですから、そのことを早く知ることです。そうすれば考えがガラッと変わります。

みなさんがじっとしていても、マイナスの思いや不安が出てくることがあります。それはちょうど、心という貯水タンクがあって、その中にそんな思いが貯蔵されているからです。ですから、その貯水タンクの中身を変えるのです。マイナスの心が出てこないように中身を変えるのです。喜びしか出てこないような貯水タンクの中にしてしまえばいいのです。そうすると、喜びの発想しか出てこなくなります。

一度全部心をクリーニングするのです。クリーニングしたら、本当の自分である愛そのものの自分が出てくるのです。

私たちは起きているようで夢を見ているのです。本当の自分ではないのです。真我は本当の自分です。本当の自分に目覚めたら、今までのいざこざは全部夢だったと、パッと覚めてしまいます。しかし、私たちは夢にも動かされています。怖い夢を見たら、心臓がドキドキしたり、寝汗をかいたり、不安に思ったりします。

私たちの悩みなどは本当はどこにもないのです。ないものに私たちは動かされています。

真我に目覚めたら、夢からパッと覚めます。すると本来の自分に戻っていくので心が安定してきます。ですから体も安定して、病気さえも治っていくのです。

第四章　幸福は本当の自分の中にある

ある青年経営者からの「告白」

ある日、私のもとに「告白」というタイトルの手紙が届きました。ここには、竹田康裕さん（35・仮名）という若き経営者の奇跡の体験が、赤裸々に綴られています。彼から送られた手紙を、そのままご紹介したいと思います。

告白

未熟な私の未熟な体験です。又、この四年間手のひらに握りこんで、絶対に外に漏れないようにしてきた体験でもあります。

でも、こんな私の体験が、どこかの誰かを救うきっかけになればうれしい、と思うようになりました。恥をしのんでお話します。

私が父の会社に入ってもう十二年です。

四年前に父が脳梗塞で倒れました。ワンマン社長だった父が倒れていろんな事が発覚しました。一億円の借金。二億を超える連帯保証。

とうに財産は抵当に入っていました。そのことがわかると長年父の下でやってきた叔父が反発し出しました。会社経営の危機です。私は愕然としましたが、私は初めてと言っていいほど必死に働きました。

その最中、父が寝たきりになるのを恐れて自殺を図りました。莫大な借金を自分の手で清算したい。という気持ちが強かったのです。幸い妻が発見して、大事には至りませんでした。誰よりも尊敬する父、大きな存在だった父。その父がどんどん小さくしぼんでいきました。私はさらに頑張らなくてはと決意しました。そして父の自殺未遂は漏れないように誰にも絶対に話しませんでした。父は業界のそして地域のリーダーでもあったからです。

お陰様で業績は伸びました。でも焼け石に水でした。

私はだんだん疲れていきました。立ち止まりたくて、仕事も減らしたかったのですが、弱音は吐けませんでした。そうした折、昨年四月に快方に向かっていた父が突然他界しました。泣いている暇はありませんでした。「もっと仕事を伸ばさなくては」とさらに強く思いました。

昨年十月頃から自分が首をつる夢を毎晩、毎晩繰り返し見ました。夜中にうなされて飛び起きると、心臓が別の生き物みたいに激しく動き、寝汗をびっしょりかきました。一晩に二回も着替えが必要でした。

昨年四月に父を亡くし、心の整理もできないまま仕事に追われていました。そのことが原因だと思いました。起きているときはもちろん自殺なんていけないとわかっています。どんなに家族が悲しむか体験しているからです。でも、夢の内容を変えることは出来ませんでした。


問題は山積みでした。進まぬ社内改革、反目する叔父、私の業績が上がる一方で、叔父の担当する仕事がどんどん落ちていきました。私がいくらやっても穴埋めにしかなりません。妻は病に倒れ、信頼するIさんともうまくいきません。体の疲れはたまる一方で、胃と背中にひどい痛みがありました。

毎日、胃潰瘍の薬を飲み、湿布が欠かせませんでした。自分は悪い病気なんだと思いました。でも何度検査を受けても正常でした。医者は「ストレスが強すぎるから仕事を控えなさい」と言いました。それが出来れば苦労はしません。

全部自分の心が創っていることはわかっていました。相手が悪いのではなく自分の心に問題があるのだと。でも、どうしたらいいかわかりませんでした。自分の限界を知りました。

前に受けたセミナーに参加するか、禅寺で座禅を組もうかと思いました。とにかく一度立ち止まるべきだ。日常から離れるべきだと思いました。不思議なことにそう思った翌日、大学時代の友人から真我開発講座を紹介されました。正直、費用は高いと思いました。でも人生と秤にかけたら出せない費用ではないと考え、その場で参加を決めました。

講座に入って先ず出会ったのは、父の自殺未遂を隠そうとするあまり、誰にも心を開けなくなっていた私でした。心に重いふたをしていたのです。絶対に言いたくなかったのです。そして隠した事さえ忘れていたのです。実習のときの用紙に書きなぐった父への思い、その中の本当に小さく書いた「自殺未遂」という文字。それを佐藤先生に指摘された時「しまった」と思いました。その期に及んでも話したくなかったのです。

「誰がしたんですか」「父です」「大変でしたね」「苦しかったでしょう」と言われた時、心のふたがはじけ飛んだのがわかりました。大人になって初めて声を上げて泣きました。涙が止まらなくなりました。

父の自殺未遂は自分の中では克服しているはずでした。でも、本当は何一つ解決していなかったのです。自殺しようとしたのも、ためらったのも家族への愛だったと気付きました。

ここからはどんどん感謝の気持ちが自然と沸いてきました。父にも母にも妻にも、そのたびに声をあげて泣きました。ずっと父の最大の遺産は仕事だと思っていました。だから仕事を伸ばすことをすべてに最優先していました。でもそれは間違いだったのです。最大の財産は自分自身だったと心から悟りました。

そしてあの偉大な父と自分が一つだったと心から思え、父に近づこうとしていた渇望がなくなりました。このままで充分なのだ。背伸びはもうしなくていいんだと悟りました。

しかし、叔父のことは最後まで考えないようにしていました。逃げている自分がありました。でも最後の最後で無性に叔父のことを考えたくなりました。その時の思いを表した文章は別紙にご案内しました。「自分が正しい」「叔父が間違っている」と思っていたのが、叔父も苦しかったと思えたのが不思議でした。そして「敵なんかどこにもいなかった」

「すべて自分の頭の中で作り上げた幻だった」と佐藤先生に話すと又、号泣しました。

講座から帰って叔父に「ごめんなさい」と謝り、文章を読み上げました。かなり失礼な内容なので躊躇しました。

「これは僕の気付きだから、実際Sさんは違うって感じることがあると思う」「違ったら後で違うって言ってください」と前置きをつけて読み上げました。

涙が込み上げてきて、何度も途中で途切れました。叔父はずっと目をつぶって腕組みをして聞いていました。

そして「その通りだよ」と言いました。私のほうがびっくりしました。「今聞いていてドキッとした」「誰にも話すことはないと思っていたけどその通りだよ」と言いました。本当に驚きました。

本当の自分は、自分のことはもちろん、人のこともわかるんだと。真実は一つなんだと。本当の自分は愛そのものなんだと思いました。


それから初めて叔父と三時間に渡っていろいろ話せました。心を開いたら叔父も心を開いてくれました。

叔父はかつて父との関係に悩み、自殺を計画していた事があったそうです。

「一生誰にも言うつもりはなかったけど、話せてよかった」と言ってくれました。もう前のようなわだかまりはありません。叔父にもずいぶん相談できるようになりました。今では叔父がどんどん仕事を手伝ってくれます。

こんなに頼りになる叔父を長い間憎んできたのです。一体、私は何をしていたんでしょうか? 「もっと早く気付いていれば」という悔いはありますが、「今からでも遅くない」と思っています。

今では心から感謝の気持ちが自然とあふれてきます。

これはゴールではなく、スタートラインだと自分に言い聞かせています。

大きな自信がつきました。どんどんよくなっています。今では母も妻も受講して、それぞれ心に溜め込んだ思いをはき出し、感謝の気持ちが溢れだして、今はとても明るい顔になりました。

また、家内にしかなつかなかった息子が、今は私にべったりです。

家族がどんどん輝いてくるのはうれしいものです。きっとこれが父が最も望んだ事なのだと思います。

もう少し遅かったら、私はこの世にいなかった。そんな実感があります。改めて、出会いの不思議さ、素晴らしさに感謝しています。そして僕を助けてくれたのは実は天国の父ではなかったか、天国の祖父ではなかったかと素直に感じています。「俺と同じ間違いはするなよ」「一人で抱え込むなよ」

繰り返し見たあの夢は父からのメッセージだったのだと今は思えます。

あれきりあの夢は見なくなりました。父も安心してくれたのだと思います。父は自殺未遂の時、自由にならない身体をひきずり、最後の力を振り絞って物干し台にロープをかけたのです。そして輪になったロープを前にして寒空に二時間ぐらい逡巡したようです。何を思っていたのでしょう。妻が見つけて母が介抱した時、冷や汗をびっしょりかき、言葉を失い、痙攣し、失禁していたそうです。私はそんな父の体験を追体験したのでしょう。

そうそう。体の方ですが、あれほど長く続いた全身の痛みは嘘のように消え去りました。尿の色も朱色でひどい悪臭があったのが、受講の翌朝、レモン色になり、いい匂いまでするのには驚きました。もう薬はいらなくなりました。

現実の状態はまだまだ厳しく、一見最悪と思える状況もあるのですが、何があっても、私はもう自殺することはありません。天寿を全うする。「私自身が最大の財産」なのですから。父はいつも私と一緒なのですから。

最後まで読んでいただきましてありがとうございます。

私の残りの人生の始まりです。今後ともどうぞ宜しくお願い致します」

あなたが光なのです

幸せはあなたの中にあります。そしてあなた自身がその幸せを出していけば、周囲も幸せになり、あなた自身もさらに幸せになります。

私は、真我開発講座や講演会で、そのことを伝えるための詩を朗読します。その詩のタイトルは、「あなたが光なのです」といいます。

「あなたが光なのです」

あなたが光なのです。
光になるのです。
光になる時間、瞑想などを、一日五分でも十分でも取ってください。
みなさんはアセンション、次元アップしたのです。
マイナスの状態は、あなたの心で光に変えてください。

相手の明かりを見るのです。明かりの方を見るのです。
その光を受け止めるのです。
心は認めれば認めた分だけ存在してくるのです。
認めるのです。認めればいいのです。
あなたがこの町を変えるのです。
日本を変え、世界を変える気持ちでいてください。
どこかであなたの影響を受ける人がいるのです。
世界のどこかに影響しているのです。
心の世界は素晴らしいのです。
一人が光れば、まわりのあちらこちらで光り始めるのです。
嬉しいですね。生かされているのですね。
必要とされているのですね。
嬉しい時、認められた時、喜びですね。
天に認められた時、至上の喜びです。
あなたはまさに、天に認められたのです。

「良かったね」と、上からいっているのです。
やっとあなたは、あなたの真の実在、真の姿と出会えたのです。
愛の心、宇宙の心、光の心があなたそのものなのです。
崇高さ、尊さ、喜び、歓喜なのです。
喜んでください。
心から喜べば、喜びは感謝に通じます。
喜びが強ければ強いほど、歓喜が広がります。
この会場を出て、みなさんの心はすぐには通じないかも知れません。
でも慌てないで結構です。
半年、一年かかっても構いません。
あなたが光り輝いていることが大切なのです。
必要とならば、またお手伝いを致します。
大きな渦として広げていきましょう。
池に石をポチャンと落とした時、波紋が広がりますね。
あなたから、光の愛の輪が広がっていくのです。

あなたの喜びがまわりの喜びにつながった時、最高の喜びですね。
継続には横の継続と、縦の継続があります。
横の継続は時間の継続、縦の継続は次元の継続。
喜ぶ決意をするのです。
喜びは感謝です。
喜びは愛です。
そして、喜びは真我です。
真我の喜び、そのままでいいのです。
あなたが光続けるコツは、あなたを誹謗中傷するような、
自分にとって最悪の人、ことと思えることを想定し、
心の中でそれを受け入れてしまうのです。
その人を許せれば大丈夫です。
五十キロのダンベルを持てれば、それ以下は持てますよね。
あなたが光り輝きつづけ、その輪が広がった時、
素晴らしい世界が出てきます。

他人の悟りの協力は、自分のものとして返ってくるのです。
より自分を広げてくれるのです。
仕事は愛だから、愛そのものだから、
あなたの内面の変化、向上を先にするのです。

本当の自分が完全に元に戻してくれる

真我開発講座を受けた方の中に、顔面神経痛で、目が斜めになり、鼻が横にずれ、口が曲がっていた方がいました。その方が真我に目覚めていくことによって、まったく普通の顔に戻りました。また、八十三歳の全盲の老人が、目が見えるようになった例もあります。そういう話は、枚挙に暇がありません。

静岡に住む西岡雄一さん（36・仮名）は、椎間板ヘルニアで、四カ月間会社を休んでいました。腰の痛みと、足のしびれがひどく、食事の他はほとんど寝ている状態でした。そして、整骨院、整形外科、整体とあらゆる所を訪ねましたが、まったく効果はありませんでした。

そんな中、彼の奥さんが真我開発講座を受講し、とても明るく優しくなって帰ってきました。さらに、奥さんから「あなたの腰も治る」と言われ、「もしかしたら、自分の腰も良くなるのでは……」と思い、受講に来たのでした。

ただ、初めのうちは、彼も半信半疑のようでした。しかし、講座が進むにつれ、その気持ちは段々消えていきました。やがて、彼は自分の中で何が足りなかったのかに気がついたのです。

「今まで、自分自身を認めていなかったんだと気がつきました。自分は本当に素晴らしい人間なんだとわかった時、自信が出てきました」

そして、その日の夜、彼は不思議な体験をしました。

「会場からホテルの部屋へ行く間、突然、腰の痛みがなくなったんです！　四カ月ぶりに、腰を伸ばして普通に歩くことができたんですよ！　その時に、腰の痛みも、自分の気持ちからきていたんだ、と気がついたんです。心と体は一体なんだ。だから、この気持ちのままでいれば、腰も元に戻るんだ、とはっきりとわかりました」

彼はこの時の体験で、本当の自分に目覚めれば、すべては元の完全な状態に戻るということを体感したのでした。

受講から約二週間後、西岡さんは、職場に復帰することができたのでした。

「今は、足のしびれが少し残っている程度で、腰の痛み自体は、もうまったくありません。これからも、講座で得たこの気持ちをずっと持ち続けることで、周りの人にもいい影響を与えることができるのではと、がんばっています」

なぜ四カ月も会社を休まなければならないほどの状態だった西岡さんが、わずかの間に腰が治り、また仕事に行けるようになったのでしょうか。

私たちは、心が曲がっていると、顔が曲がったり腰が曲がったりするのです。心がまっすぐになったら、その歪みもまっすぐになるのです。目が見えなかった人も、目が必要だと心から思えたら見えるようになってくるのです。耳の悪い人も聞こえるようになってくるのです。

神の力は、元に戻ろう、戻そうという働きなのです。上に放り投げた石ころは下に落ちます。川は流れて海に戻ります。すべてが元に戻ろうという働きなのです。

私たちが病気になれば、本来の健康体に戻ろうという自然治癒力が働くのです。それにもかかわらず、「私は病気だ病気だ」と言って、病気をつかんでいるのです。病気を放して真我に目覚めていった時に、人間本来、神が創ったままの自分に戻ることができるのです。これこそ、世界最高の名医ともいえます。名医はあなたの心の奥にあるのです。

名医は自分の中にいる

真我開発講座には、医療関係に従事する方もたくさん参加されます。神奈川の開業医、内藤光男さん（68・仮名）もその一人です。

内藤先生は、「臨床催眠医学会」の会員でもあり、催眠によって現れる深層意識と真我の違いにも興味を持っていたのですが、真我開発講座を受講して、その違いを知ることができたそうです。実は、催眠で現れる深層意識というものは、人間の心の一番奥にあるものではないということ、そして真我は、その深層意識のさらに奥にあるものだということがわかったそうです。

さらにその後先生は、「天使の光コース」も受講し、楽しそうにその時の感想を話してくれました。

「ハッハッハッ！　ありゃーよくわかりません。何だかわからんけどね、とにかく〝これが本当の無我の境地かな〟と思いましたよ。先生と、一緒に受講されたみなさんと、私の心が共鳴したんじゃないかと思うんですよ。無心どうし、光どうしがね。私は『天使の光コース』が好きでね。時々、受講中のあの光景が浮かんでくるんですよ。私はあれを二回受けたけど、一回目より二回目の方がエネルギーが出てきた感じがしますね。自分でも考えられないようなエネルギーが。佐藤先生からも、恐らく、すごいエネルギーが出てると思うんですわ。とにかく楽しいですよ。ハッハッハ！　また受講したいですね」

そして受講後、内藤先生は、患者さんたちから「お元気になられましたね」「お若くなられましたね」と声を掛けられるほど、見る見るうちに若返っていったのです。

さらには、診療中、今までにはなかった不思議なことが起きてきたそうです。治療を終えた患者さんが、いきなりわけもなく涙をこぼしたり、「来るだけで気持ちがいい」と感想をもらしたり、「最高だ！」と叫んでみたり、そんなことがしばしば起きてきたのです。先生は治療の方法を変えたわけでもなく、従来通りの治療をしているにもかかわらず、こういった反応が起きるようになったのです。

どうして、患者さんがそういう反応をするのか、先生自身は自分でもさっぱりわからないらしいのですが、それでもとても嬉しそうでした。

内藤先生は、以前から、薬で患者の体を治すということに大変疑問を感じていました。まさに素晴らしい所に気がついたと思います。

私も薬はダメだとは言いません。しかし、私たちの心の奥に世界最高の名医がいるのです。折角、世界最高の名医が自分の中にいるのに、外にいる医者ばかり頼って、自分自身の中にいる名医を出さないでいると、その名医が怒り出すでしょう。「なぜ本当の自分を信じないんだ」と。

しかし、先生はまさにそこに気がついたのです。医者でありながら、薬に頼らず、自分自身の存在さえも否定しようとしているのです。私は、これこそ本当の医者だと思います。医者は、自分の廃業を目標としなければいけません。この世から医者がいなくてもいいような時代になることが最高なのです。

自分の中にある真我の喜びや愛にあふれれば、本当に私たちは若返ってくるのです。

内藤先生は、魂から湧き上がる喜びに目覚め、少年のように目をキラキラとさせています。そして、素晴らしい人格者として、医療の世界で活躍をしているのです。

そのことが患者さんにも伝わるのです。患者さんも、内藤先生の目を見たり先生に触られただけで、病気が治り元気になっていっても不思議ではないのです。

成功や幸せはあなたの中にある

成功や喜びというものは、私たちが追い求めるものではないのです。あなたが本当の自分に目覚めたら、それこそが幸せであり喜びなのです。そのような人を本当の成功者と呼ぶのです。

あなたの成功や喜びは、どこか遠い所にあるのではありません。探し求めるものでもありません。お金やモノを集めて物質的に豊かになることでもありません。地位や名誉を得ることでもありません。

本当の自分に目覚めた瞬間に、あなたは成功者になり、幸せになり、喜びの人になれるのです。いつも幸せで、いつも喜んでいて、いつも感謝にあふれている人が、運が悪くなるわけがないのです。

心の中にいろいろな悩みや苦しみを抱えながら、勉強をして、わかったように振舞っていたら、偽善者でいなければなりません。自分に嘘をついているような感じがするでしょう。それではパワーは出ません。

私たちが本当にパワーが出せる時は、百パーセント本音で生きている時です。本音で生きられる人は強いのです。自分を抑えながら、建前だけで生きていったらいい生き方はできません。「私の生き方はこれだ!」と、本音で生きられたら最高です。

一番奥にある本音とは真我です。真我が究極の本音です。あなたの本音は愛そのものなのです。

少し考えてみてください。私たちは一生懸命お金を集めようとしていますが、一体私たちは、なぜお金が欲しいのでしょうか?

それは、お金がないと欲しいものが手に入らず、とても不自由だからです。欲しいものがすべて手に入ったら、お金は要りません。

では、なぜいろいろなものを手に入れたいのでしょうか?

それは、自分を満足させ、家族や周りの人たちを喜ばせたいからです。つまり、自分を愛し、家族を愛し、周りを愛しているからです。

ということは、私たちの本音は、愛が欲しい、愛を求めているということなのです。それならば、最初から無限の愛である真我に目覚めればいいだけなのです。そうすれば、その時点から誰もが幸せになれるのです。

憂鬱な王子のお話

竹下紀子さん（54・仮名）は、本当の自分をはっきりと自覚することができたことによって、今までのようにイライラしたり、落ち込んだりすることがなくなりました。そして、今までどうしても受け入れられなかった人のことも、その人の立場になって受け止められるようになりました。苦手な人への拒否反応もなくなりました。

「先日は車をぶつけてしまって、二十万円くらいの出費があったんです。今までだったら、すごく落ち込んだでしょうけど、その時は、この体験をしたことでまた成長できるかもしれない、と思ったんですよ。本当に、自分でもそう思えることが不思議でしたよ。同じ状況でも、悩みとして受け取るのではなく、喜びとして受け取れるようになりました。だから、イライラしたり、落ち込んだりとかじゃなく、楽しめるようになったんです」

私たちは、お金や物が増えたり減ったりすることで、得したとか損したとか、良かったとか悪かったと一喜一憂しています。目に見えるもので喜びを計ろうとしているのです。

しかし、私たちがもっと大切にしなければいけないのは、私たちの心がどういう状態なのかということです。喜びや幸せや成功観というものは外部にはないのです。自分自身の心が喜びを得て、自分自身の心が幸せ感を味わい、成功感を味わう。そのことによって、その人の人生が素晴らしいと言えるのです。ですから、どんなに素晴らしいと思われるようなことがあったとしても、それは本人にとって素晴らしいと思える心がなければ、素晴らしくないのです。

昔、ある国にいつも憂鬱そうな顔をしていた王子がいました。美味しいものを食べさせても、美女をはべらかせても、どんな品物をプレゼントしても、その王子は喜びませんでした。王様は、王子を何とか幸せにしてあげたい、喜ばせてあげたいと思っていましたが、何をしても喜びませんでした。

そこで王様は、「王子を喜ばせることができたら、褒美を出す」というお触れを出しました。それを見た人たちが、我こそはと王子を喜ばせるためにやってきました。踊りを見せたり、楽しいことをやったり、驚くようなプレゼントを持ってきたり、いろいろなことをやりました。しかし、王子は少しも嬉しそうな顔をしませんでした。

そこに、一人の老人が王子の前に現れました。そして、王子に一枚の紙切れを渡しました。その紙切れを開けてみると「一日一人は人に喜ばれるようなことをしてください」と書かれてありました。

それから、王子はそれを実行してみたのです。そうしたら、それから見る見る間に喜びの人生が始まり、大変明るい王子になったのでした。

そうなのです。私たちの喜びというものは、自分自身だけが喜ぶ時代から、もう一歩成長し、人のお役に立ち、人が喜んでいるその顔を見て喜ぶことが大事なのです。

すべての喜びのもと、悲しみのもとは、私たちの心の中にあるのです。その一番大切な心というものを、疎かにしないことが大切なのです。竹下さんが、いろいろな問題が起きても、すべて自分の成長のためとして受け入れられるようになったということは、本当に貴重なことなのです。

私たち人類が、最初にやらなければいけないことは、本当の自分に目覚めていくことなのです。本当の自分に目覚めていけば、この地球は放っておいても地上天国になることは間違いありません。

与えることが奇跡を起こす

「求めよ、さらば与えられん。与えよ、さらば与えられん」という言葉があります。

私たちには、本当の自分の生き方を求める強い気持ちが必要なのです。自分は何をやるべきなのか、自分の本来の役割は何なのか、そして、どんな人生が一番自分にとってふさわしいのか、そういったことを強烈に求める気持ちが大事なのです。

そしてその求める気持ちと同時に、与える心が大事になってくるのです。自分の手も足も目も口も、周りのすべての人たちのためにあるんだ、そのために私の体は五体揃っているんだと心から思え、周りの人たちに奉仕をし、与えることができた時に、私たちの身の回りに奇跡ともいえる驚くようなことが次々と起きてくるのです。そして、仕事にしろ人間関係にしろ、あらゆるものがスムーズに進んでいくことができるのです。

求めるばかり、得ようとするばかりだと、必ず行き詰まります。

介護福祉専門学校に通っていた渡辺秀雄さん（47・仮名）は、就職活動に臨んでいました。

社会経験の長い彼の希望は、「安定した大きな所」でした。そして、学校の主催する就職説明会にも、大きな事業体の説明会を中心に出席していました。

ところが、いざ彼が説明会場に出席をすると、どの事業体からも判で押したように、「四十歳以上は正社員としては採りません」と言われてしまったのです。

しかし、彼は決して落ち込みませんでした。

「以前の私なら本当にがっかりしていたと思いますよ。でもその時がっかりしなくても済んだのは、『真我でやっていれば間違いはない。絶対大丈夫。必ずいい方向にいく』という気持ちがあったからです。そして、『自分に合ったところがきっと与えられる。もし、与えられなかったら、今はまだ時期じゃないんだ』と思えたんです。その時、私の中にあった『大きな所に就職したい』という思いがスポンと抜けました。

そうしたら、午後の説明会で、施設のうち一カ所から『うちに来てくれないか』と言われたんです。初めて会ったのにそんなふうに言ってくれて。そこがまたキリスト教の関係の所で、仕事の中でも礼拝があったりするんです。私はキリスト教の信者ではありませんが、そんなふうに〝神〟というものに関わりのある所から声をかけていただいて、本当に嬉しいです。

私が、『大きな所に就職したい』という思いを捨てた時、空っぽになった私の中に、一番ふさわしい所からの話がはまったんです。おととしの秋から、真我を開こうと講座を受け続けてきて、本当に良かったと思います」

手も足も口も耳も人のためにある

私たちは苦しんだり、悲しんだりすることによって、逆に喜びが大きくなるということがあります。

私の所に、苦しんで苦しんで、もがいて来る人というのは、真我に目覚めた時にすごく喜んでくれます。逆にあまり苦しんでいない人は、「まあ、確かに良かったよね」くらいで終わってしまう場合もあります。ということは、喜びをそれだけ増すために、苦しんだという捉え方もできます。

究極の喜びというのは、自己の内にある真我の世界を生き切るということです。そこは究極の歓喜の世界です。そのように神は与えてくれていると、私は受け止めています。

ですから、当然ご飯を食べたら美味しく感じます。異性と出会ったら素晴らしいと感じます。すべて喜んで生きられます。

その喜びとは、何か欲しいモノを手に入れたという喜びではなく、私たちに内在している神の心、愛そのものに目覚める喜びなのです。

私たちの手や足や口や耳は、自分のためではなく、全部周りの人のためにある、言葉も表情もすべて周りの人のためにあると思えたら、矛盾がなくなります。

「自分のこと、自分のこと……」というと、エゴになります。人のお役に立ちなさいと教えられて、「人のため、人のため」というと、今度は嘘になります。そう言いながら、本当は心の中は全然違っている場合が多いのです。

しかし、私たちが本当に愛そのものになって、光そのものになったら、自然と手も足も口も耳も人のためにあると思えるようになるのです。そもそも人のために口はあるのです。自分一人だけだったら、喋る必要はないのです。相手のためと思うと、言葉も手も必要になってきます。

普通はどうしても見返りを求めてしまいます。すると、返って来ない時に腹が立ってきます。「こんなにしてあげたのに、あの人は何もしてくれない」ということになってしまいます。

そうではなくて、自分がやっていること、それ自体が喜びになったら、本当に楽なのです。とても楽で、そして、ものすごく幸せに生きられるのです。

第五章　幸せになる瞬間

手相まで変わる生き方

自分の中に本当に素晴らしい自分がいます。私たちの心が変われば、人相も変わり手相も変わり、何もかも全部変わってしまうのです。

何十冊も本を出している日本一の手相の先生が、私の所に勉強をしに来られます。その先生が、前は「手相で人生が変わるから、手相に沿って生きろ」と言っておられましたが、最近は、「手相は変わる」と言われるようになりました。

心が変われば、手相も人相も何もかもが変わるのです。

みなさんが、こういう考えで、こういう生き方でいくと、将来はこうなるというのは大体決まっています。

預言者、霊能者、占い師たちが、「あなたは将来こうなりますよ」と言います。みなさんは、そういう人たちにたくさんお金を払っていろいろと見てもらっています。占い師たちがなぜ将来がわかるのかというと、この人はこの考え方で、この性格で、この行動パターンで、この人付き合いでいくとこうなる、というものが決まっているからなのです。

この金遣いの人が会社を起こしたら倒産させる、と最初から決まっているのです。この人とこの人だったら離婚するなども大体決まっているのです。その人の心が変わらない限りは、その心の通りになってしまうということです。

しかしみなさんは、本当に正直に心を見てもらっていいのでしょうか。「あなたは一年後にガンになって死ぬ」と正直に言われていいのでしょうか。その逆に褒めて欲しいはずです。矛盾があるのです。相手もみなさんが喜ぶように嘘を言っているだけかも知れません。それでは、お金を取られるだけになってしまいます。

どうすれば未来を変えられるのか。それは、みなさんの意識を上げることによって変えることができるのです。次元を上げるのです。すると、今までの延長線上ではなくなります。次元のぐんと上がった延長線上になるのです。

みなさんの意識が変わると、当然未来が変わります。

「先見力」という言葉があります。「先見力」というのは先を見る力です。私はこれに対して「先変力」と言っています。「先変力」とは先を変える力です。みなさんの意識が変われば、まさに未来は変わるのです。素晴らしい心になったら、人相や手相までも変わり、素晴らしい未来が待っているのです。

黄金行きの電車に乗り換えよう

徳山秀一さん（38・仮名）ほど、真我開発講座を短期間に何回も受講した方はいません。

彼は在日韓国人として生まれ、そのことで小学生時代からひどいいじめに遭ってきました。無視から始まって、給食の時にはおかずをもらえなかったり、後ろからパンを投げつけられたり、トイレから戻って教室に入ると「ばい菌、ばい菌」とはやしたてられたりしました。

そして、彼は自分をいじめる同級生たちを復讐しようかとも考えましたが、悩みに悩んだ末に出した結論は、「よし、我慢しよう。どんなことをされても、自分の心を殺して無視するんだ」というものでした。

こうして彼は完全に心を閉ざし、周りの人たちを冷めきった目で見るようになりました。もちろん、どんな人も好きになれませんでした。そんなトラウマを抱えた彼の心は、「もしここに、人類を滅亡させるボタンがあったら、私は迷わず押します」と豪語するくらい凍りついてしまいました。

そんな彼が、その心のままで仕事をしてもうまくいくわけがありません。結婚をしてもうまくいくわけがありません。まさにそれは死んでいるのと同じなのです。自分が死んでいるだけならまだいいのですが、人を巻き添えにする心があるというのは恐ろしいことです。

しかし、徳山さんの素晴らしいところは、これは良くない、冷え切った自分の心を変えなければいけないとわかったことでした。最初に真我開発講座を受けた時には、その冷え切った心が温まることはありませんでした。しかし、徳山さんは、周りの人たち全員が感動で涙に震えているのを見た時に、自分のこの心を治すのはここしかないと思ったのです。そして、徹底的に自分の心を見つめることから始めたのです。

三カ月か四カ月経った頃から、彼の人相がみるみるうちに変わってきました。冷たく笑いのない顔から、温かく柔らかく優しい笑顔の顔になり、本当に人を心から愛せるようになっていったのです。

彼は言いました。

「以前は、昔のことを思い出すだけでも苦痛でした。思い出した時に浮かぶ同級生の顔は、いつも眉間にシワを寄せて、口を歪めた険悪な表情でした。でも今は、みんな優しい表情を浮かべているんです。なかでも驚いたのは、一番ボクのことをいじめたクラスメートの顔が、笑顔に変わったことです。それに、彼が実は一番淋しかったんだと気づいたんです。彼は母子家庭で育ち、お母さんがいつも仕事に出て家にいなかったから、いつも淋しい思いをしていたんです。ボクの家は学校に近かったため、冬の冷たい風が吹く中、母がボクに暖かい弁当を届けてくれることもありました。それが彼にはうらやましくて、ボクのことをいじめてしまったのだとわかったんです」

こうして、彼の心を冷たく凍らせていたいじめの問題が解決した時、韓国籍に対する思いも、大きく変わっていきました。そして、彼は自分のことが運がいいと思えるようになったのです。それは、自分が韓国人と日本人の両方を味わうことができるからです。それに、自分と同じような立場で苦しんでいる人たちの気持ちもわかるからです。

「今ボクは、韓国の文化にとても興味を持っています。先日は、両親と一緒に、韓国特集のテレビ番組を見ました。〝ジャーン、ジャーン〟というドラの音、肩で踊る独特の踊りに、韓国の空気を感じました。それから、今まで耳にするのもイヤだった韓国語を、今真剣に学んでいます。韓国の文化に、こんなに親近感を持てるなんて、ボクは本当に運がいいんです！」

彼がこのような心になって仕事をし、お嫁さんをもらったら、これから幸せになることは間違いありません。

本当の自分に目覚めるということをまず徹底的に行って、それから自分の人生を歩もうとした徳山さんの優先順位が正しかったのです。普通の人は、忙しくて、本当の自分を知るということなど後回しにしてしまいます。しかしそれは間違いです。本当は、まず自分自身の素晴らしさに目覚めることが先決で、それからその素晴らしい自分を一般社会や普段の生活の中で出し切っていくべきなのです。

二本の路線があって、一方の電車に乗ってまっすぐ行くと崖になり、もう一方の電車に乗って行くと黄金があるとします。もし崖の方に向かって行く電車に乗っていたとしたら、早く電車を走らせれば走らせるほど、早く崖に落ちてしまいます。

ではどうしたらいいのでしょうか？　それには路線を変えなければいけません。その電車から降りて、黄金に向かう電車に乗り換えるのです。まさに徳山さんは、崖に向かう電車から黄金に向かう電車に乗り換えたのです。これからきっと彼には明るい未来がやってくることでしょう。

迷わない人生の幸福

私たちは、どうしても人と比較してしまうものです。そして、人と比較をすることによって、苦しんだり、妬んだり、嫉妬したり、恨んだり、悲しんだり、劣等感に苛まれたりするのです。

しかし、あなたという存在は、誰とも比較できないまったくユニークな存在なのです。道端にある木の葉一枚をちぎってみても、世界中にそれとまったく同じ木の葉はありません。あなたの指紋一つを見ても、あなたと同じ指紋は世界中探してもありません。それと同じく、あなたという存在は、決して誰とも比較できない、優劣のつけられない貴重な存在なのです。

チューリップがバラを見て、「あのように咲きたい」、猫が犬を見て、「あのように吠えたい」とは考えません。人間だけが「あのようになりたい」と考えてしまいます。それはまったくナンセンスなのです。

ですから、あなたは本当の自分を見つけ、迷いのない素晴らしい自分の人生に気づいた時初めて、心が安らぎ、人と比べて落ち込んだり、劣等感に苛まれることがなくなるのです。まず自分は何のためにこの世に生まれ、何をやって死んでいくのかということに気づくことが、私たちの人生にとって最も大切なことだと言えるのです。

介護員として働く吉田雅美さん（42・仮名）は、ずっと〝本当の生き方〟を求めていました。

仕事についても、「本当にこのままでいいのかな？　本当にこの仕事でいいのかな？」という気持ちを持っていました。

そんな中、真我開発講座と出合い、それ以来、仕事に対する迷いがなくなりました。「やっぱりこれが、今、自分のやるべき仕事なんだ。今の仕事を思いきりやろう！　って思えたんです」

仕事に対する迷いがなくなった彼女は、今度は「自分を認めることが大事なんだ」ということに気づきました。しかし、もう一歩自分自身を強く認めることができないでいました。

それから約四カ月後のことでした。

彼女は、私のＣＤを聞いていると、突然ポロポロ泣き始めたそうです。そのＣＤには、やはり真我開発講座を受講したある男性の話が入っていました。

「真我になかなか辿りつくことができない…と私が悩んでいると、佐藤先生からこう言われました。『そこなんだよ君の問題は。いつも人と比較して、自分を卑下して、人を恨んで、妬んで、自分を落としめている。そこに気づかないと真我は開かないよ』」

彼女の胸に、この言葉が響きました。

「ああ、私もこうだったんだ！　だから自分を認められなかったんだ」

その後、ようやく彼女は、完全に自分を認められるようになったのです。

「すごく楽になりました。仕事に行っても、もう楽しくて楽しくて…。前は『なんでこんなに疲れるんだろう？』って思っていたんです。でも、今は全然疲れないんですよ。毎日感動することがいっぱいあって、〝もう幸せ！〟っていう感じです」

ガンで亡くなった知人からの教訓

これは、Sさんが講座の中でみなさんに話してくれた内容です。

「私は、『未来内観』と『宇宙無限力』を受講しましたが、それ以来、講座の素晴らしさをたくさんの友達に伝えていきました。そして、そんな中から、先日、ある友人に大事なことを気づかせてもらいました。

それは、たとえ人間的に素晴らしかったとしても、それだけではダメで、真我のような目に見えないことも理解できるようなバランスが必要だ、ということです。

当時ガンだった彼女に、私は真我開発講座の受講を勧めました。彼女は二つの講座を受け、そのお陰もあってガンも間もなく治ったんです。

彼女は『「未来内観」の方はわかったけど、「宇宙無限力」の方はあまりわからなかったから、もう一度受けてみる』と言っていました。ところが、それからしばらくして、またガンが再発してしまったんです。

彼女はいろいろなセミナーを受けて、見えない世界のことを理解しようとしていました。人と人との縁を蒔く人で、本当に人間的には素晴らしい人なんです。ただ、心の部分というか、目に見えないことに関してなかなか理解できなくて、そのバランスがとれていなかったんです。そのバランスがとれれば、多分ガンも治るんじゃないかと思ったんですが、それが理解できないまま、結局数カ月後に亡くなってしまいました。

私は彼女が亡くなる三日前に会ったんですが、その時、彼女は私に『Sさん、私今までわからなかった「宇宙無限力体得コース」のことがようやくわかった』って言うんです。

彼女の場合は、ある人を許せないという思いがあって、それがガンの原因になっていたんです。人は葛藤すると、ものすごくエネルギーを使って、免疫力が低下するんです。『そのせいで自分は病気になった』って、彼女自身がそう言っていました。

彼女は、佐藤先生がおっしゃていた〝百パーセント自分を信じられる〟ということの意味をわからなかったんだと思うんです。

それが、本当に死を目前にして、『私、あちらの世界に行って来たの。お花畑ですごく素敵な所で…』って言うんです。そして、『佐藤先生の宇宙無限力ということもようやく今わかった。一つなんだという意味も。自分が許せなかった相手もすべて許せたの。愛っていうのはこのことなのね。私とっても幸せ。こんなに幸せな気持ちになったのは初めて』って言ったんです。

ガンで5カ月も入院したままだと、普通はゲッソリするんですけど、とってもいい表情をしているんです。すごくきれいなんです。言葉ではいい切れない美しさというか…。魂の部分がそういう状態になったのを、私は見させていただいたんです。『真我開発講座を受けたのが無駄じゃなく、今気づかせてもらって、本当にありがとう』って、すごく感謝されちゃったんです。『Sさんが言っていた意味も、本当に良くわかった。でも、ちょっと遅かったのかしら…』と言って、亡くなったんです。

私は、彼女があちらの世界に行く前に気づいたということは、本当にすごいことだなと思いました。人間がなぜ生まれてきてどこに行くのかということを、本当に彼女に感じさせてもらいました。何が大事か気づいていくのと、気づかないでいくのとの大きな違いを、学ばせていただいたんです。

こういうことは、いくら頭で学んでもわからないんです。体験してみて、初めて『ああ、これなんだ』ということを本当に気づくんですね。

私は彼女から、人間的な素晴らしい部分だけではダメなんだということを、気づかせていただいて、本当に彼女に感謝しています」

努力、知識はいらない

私たちは、この命のことを未だに正確に答えられないでいます。

私たちの心臓がどうして動いているのかということを、仮に推論を立てられたとしても、それは勝手に考えているだけで、誰一人として正しくは答えられません。

少し前に、テレビで、ノーベル賞をとった人たちが集まっていろいろ討論をしている番組を見ました。

世界のトップクラスの人たちですから、科学的なことはもちろん素晴らしいのです。ところが、ある方が、「魂とは何でしょうか?」と質問を投げかけたら、みなさんしどろもどろになってしまったのです。

ちょっと考えてみると、おかしいのです。これは一番大切なことではないでしょうか。一番大切なことをなぜ一刻も早く研究しないのでしょうか。

私たちは、まず自分自身を悟ろうとして、いろいろな勉強を猛烈にしたり、修行を一生懸命したりします。本当に勉強や修行で悟れるのでしょうか。

勉強の悟りというのは、知識の悟りです。修行の悟りというのは精神の悟りです。

しかし、私がいわんとしているのは、命そのものの悟りです。命の悟りとは、時間がかかりません。なぜならば、もうすでに悟っている自分が自分の中にいるからです。

私たちの命は、もともと天から完全に与えられています。ですから、それを自覚すればいいだけなのです。心臓は、勉強をして動かすわけでも、修行をして動かすわけでもないのです。「あっ、心臓が動いている！」と自覚すればいいだけです。

一生懸命勉強して辿りつくというのは、命の悟りではありません。知識で理解をしたに過ぎません。私たちが理解しようがしまいが、修行しようがしまいが、もともと私たちは最初から完全なのです。

今私たちが一番気づかなければならないのは、命の悟りなのです。私たちは命の悟りを得て始めて、それに沿った頭の使い方をすることが大事なのです。

今まで人間は間違っていたと思います。一生懸命努力をして、やっと悟ってきたと思ったらもう人生はおしまいというのは、変だと思いませんか。これは私の素朴な疑問です。悟りを得ることを終点とするのではなく、出発点とするのです。そうしたら、どれだけ人生が素晴らしいものになるでしょうか。

リストラは生まれ変われるチャンス

私が以前、レストランのチェーン店のオーナーをやっていた時には、バブル的発想がありましたから、店を増やせとばかりで、店が減るのがものすごく怖かったものです。一店舗でも減ると、もう不安で身震いして寝られないのです。とにかく、店は増やし続けるしかありませんでした。

ところが今は、増やすのではなく、むしろ、減らしていき、会社の体質を強くしていく時代です。リストラがまさにそれです。

しかし、魂の進化という側面で見た時には、増えるとか減るという現象面はまったく関係ないのです。そのように捉えると、堂々と会社を縮小することもできるし伸ばすこともできます。自由にできます。

そこに焦点を当てたら、折角大きくした会社を縮小したり、閉めたら格好悪いという世間体を考えることはなくなります。仮に閉めたとしても、また再生すればいいだけなのです。そういう自由自在な柔軟な心になれたら本当に楽になります。

自分で辞める勇気もない時に、リストラに遭ったら、「ああ、これはチャンスだ。

これで新天地が開かれるチャンスだ」と思うことができれば、人生二度も三度も生まれ変わることができます。

ですから、地位や名誉や財産といった表面的なものを伸ばしていくのではなくて、自分自身の意識の向上、真我の目覚め、こういった内面的な部分で見ていけば、どんな出来事があっても何もなくならないのです。

私も生まれ変わりました。昔は、店を増やしていかなければいけないと思っていましたが、今はもうそんなことは考えなくなりました。会社を手放しても何とも思いませんし、人の動向もまったく気にならなくなりました。

物質面だけで見ると、モノをくれる人はいい人、持っていく人はダメな人、褒めてくれる人はいい人だけど、叱る人は嫌な人、といった短絡的な捉え方になってしまいます。

しかし、真我を開いていき、意識次元をアップしていけば、褒めてくれる人も叱ってくれる人も、全部ありがたい人だと受け止めることができるのです。私たちに起こるあらゆる出来事が、すべて自分の魂を磨くことに役立つのです。

生きているうちに生まれ変われる

私が提案しているのは「生まれ変わり」です。

ダライ・ラマが「生きている内に生まれ変わることが一番尊い」と著書に書いていました。

今日から、まったく新しい価値観でまったく新しい生き方をしたら、人生二度生きられます。

生まれ変わって、魂に磨きをかけていくという生き方は、二十一世紀の本当の生き方だと私は捉えています。こういう生き方をしたら、どんな時代が来ても大丈夫です。

しかし、モノや金や見栄だけで生きると、いつも不安に怯えなければなりません。地震が来てつぶれるのではないか、泥棒に遭うのではないか、騙されるのではないか、といつも不安になります。モノや金がなくなったら、まったく価値のない人間になってしまうのですか？　そんな生き方は悲しいですね。

外的なものを喜びの一番にするのではなく、自分自身の内的な素晴らしさに気づき、自分の愛に気づき、そして、自分を開拓していくことに喜びを感じるのです。昨日まではこういう人は許せなかった、ここまでは視野に入らなかった、そういうことを、一つ一つ昨日よりも器を広げていくのです。そこに喜びを持つのです。すると、本当にみなさんが「生きているっていうのは楽しいなあ。素晴らしいなあ」と毎日、いつでもどこでも、二十四時間、喜びの人生で生きることができるのです。そうしたら、今ここにいながら成功者であり、幸せな人になれるのです。

みなさんが今、生まれ変わって輝いていけば、当然みんなからも感謝されるし、尊敬されるし、愛されます。あの世に行く時に、心からあなたのことを思ってくれる人が集まってくれるでしょう。そして「本当に私の人生は最高だった。何といい人生だったんだろう」と言って、あの世に旅立つことができるでしょう。

明日ではないのです。今この場で気がつくのです。今この場で輝くのです。

私たちが不安に思ったり、恐怖を感じたりするのは、失いたくないというところからきています。いくら失ってもなくならないものを自覚した時に、不安がどんどんなくなっていくのです。不安がなくなって、喜びに満ちあふれて、いつも明るく輝いている人が悪くなるわけがありません。ですから結果として現世的にも良くなるのです。

第六章　宇宙意識に目覚めた生き方

私たちはすでに救われている

仏教の言葉に「即身成仏」という言葉があります。この身このままで仏であることを悟るということです。私たちは生きていても死んでも仏であり、いつも救われているのです。私たちは真我を開くことによって、まさにこの身このままで仏であるということを悟ることができるのです。

仏壇店を経営する落合功さん（36・仮名）は、その仕事がら、死ということばかりに目がいっていました。そこに、十三年連れ添った奥さんが亡くなって、余計に気持ちが死の方向に向かっていました。この仕事をしているからこうなるのかと、仕事自体にも疑問を持ち始め、仏壇店をやめようと考えていました。

そんなある日、知人から真我開発講座のことを教えられ、受講することになりました。そして、彼も真我に目覚めることができ、今までにない大きな感動を味わいました。

「ワッこれだ！　これが本当のボクなんだ！　と気づいた瞬間、涙があふれて止まらなくなりました。もう無償に泣けました。あの時のことは忘れません。今までボクは人前で泣くようなことはなかったんです。父が亡くなった時も、妻が亡くなった時も、変にカッコつけていて泣けなかったんです。それがあの時は、本当にワンワン泣いちゃいましたよ」

そして今彼は、傾きかけていた事業を見事に立て直し、イキイキと仕事をしているのです。

「今は、下請け職人の仕事を取ってくることができると、それが無茶無茶嬉しくて……。帰り道、トラックを運転しながら、職人さんたちの喜んでいる顔を思い浮かべると泣けてくるんです。それと、お客さんにも本当に喜んでもらえるんです。この間も、古い仏壇をリサイクルしてきれいにしてあげたら、『ありがとう』っていって、七十歳くらいのおじさんが、うちのトイレでオイオイ泣くんですよ。こんないい仕事ないなあって思います。それをやめようとしていたなんて……。今はもうただありがたくて、一生懸命がんばろう！　って思っています」

落合さんは、今まで死ぬということと生きるということには境目があり、死ぬということは悪いこと、生きることはいいことだと捉えていました。そして、自分の仕事は死を扱う暗い仕事だと思い込んでいました。しかし、そんな彼も、真我に目覚め、自分が仏であるということを悟ることができたのです。死んで初めて仏になるのではなく、生きているときも仏の愛そのものなのだと気づいたのです。そのことによって、今生かされていることに喜びを感じ、周りの人たちに感謝の気持ちがわき、その感謝の心が涙となって現れたのです。

そして、今までは暗い仕事だと思っていた仏壇店という仕事を、そうではなく、これは仏の心を広める仕事だということに気づいたのです。この仕事は決して暗い仕事ではなく、生死を越えて、本当の命の大切さ、命の喜びを人々に伝える仕事だということがわかってきたのです。そのことによって、今までは仏壇店という商売を卑下していたことが、逆に誇りを持てるようになったのです。心が変わったのです。

まさに私たちは、この身このままで仏なのです。この身このままで本当に素晴らしい自分なのです。本当に自らが仏であると悟りきることを、仏教では解脱《げだつ》とも言うのです。そして、その心はどんな人にも備わっているのです。そのことに気づくことができれば、落合さんのようにいつも嬉しくてありがたくて楽しい、そんな毎日を送ることができるのです。

全体意識が幸運をもたらす

仏教用語に、無一物無尽蔵という言葉があります。

「私の財産はこれだけ」と財産を特定したら、それしか自分の財産にはなりません。しかし、すべてを一度心から手放して、「地球にあるすべてのもの、あの太陽もあの星も、この宇宙全部が私の財産」と思うことができれば、確かにそれもあなたに永遠に恵みを与えてくれる財産と捉えられるようになります。「私の人脈はこれだけ」といったらそれだけです。しかし、全部一度手放して、「私の人脈は世界にいるすべての人」と言っても構いません。

あなたが、愛の人となり、真我の人となった時に、すべての人を愛する心になれるからです。そのことによって、出会う人すべて、道ですれ違う人も、どこに行っても、みんな家族や仲間だという心になったら、仕事も面白いようにスムーズに運びます。

北海道で保険の代理店を営む三木雅之さん（38・仮名）は、大変素直にこのことを実行し、驚くほど楽でスムーズな人生を歩んでいます。

三木さんは、十二年間にわたって、熱心にある宗教を信仰してきました。彼はその宗教団体で一生懸命がんばって、あるグループのリーダーにまでなっていました。

しかし、それほどまでがんばっても、彼の中には相変わらずたくさんの悩みがありました。その団体の信者たちが、信仰しているかしていないか、信仰していてもその中でがんばっているかいないかということで、常に人を裁いている実体を見て、徐々に何かおかしいと思うようになっていたのです。そのため、宗教というもの自体に疑問を感じ始めていました。

その上、仕事もうまくいっていませんでした。保険の代理店として独立したところまでは良かったのですが、人脈もなく、契約が取れなくて行き詰まりを感じていたのです。

そんな時、三木さんは、書店で私の著書『究極のセールス』と出合いました。そして、彼は、もしここが宗教なら行かないけれど、宗教ではなくて、これだけのことが書けるのなら是非行こうと思い、心の学校のスタッフの説明を聞き、早速受講を決めたのでした。

そして、講座の中で真我を自覚した時のことを、彼は明るく弾んだ声で興奮して話してくれました。

「いやーすごい！　自分に足りないところなんて何もなかったんだ！　このままで良かったんだ！　完璧だったんだ！　って…。それはもう、言葉にできない感動がありました。今までは、自分に足りないところを補おう、吸収しようと、ああしなきゃ、こうしなきゃって、毎日ハードスケジュールでやってきたのが、そんなことしなくていいんだってわかったんです。今のままで、何も手を加えなくていいんだって。それが本当に実感できたんです。実感できるってすごいことですね！」

その後、彼から悩みが一切なくなってしまいました。以前は、悩みがあるのが普通だと思っていたのですが、今では、悩みがあるのがおかしいと思えるようになってしまいました。

そして、仕事の方もとても順調にいくようになりました。

いろいろな所に出向かなくても、紹介ばかりでどんどん契約が取れるようになりました。一人契約が取れると、その家族や親戚、友人を紹介してくれるようになり、受講したその月から、すぐに契約が上がり始め、それからずっと成績が上がり続けているそうです。

今までは、保険に入ってくれるかくれないかだけを考えて、どうやって説明したらいいかとあれこれ作戦を立てていたのですが、そういうことを考えなくなり、ありのままの自分でお客さんと接することができるようになったのです。

　すると、初対面のお客さんでも、出会った時からもう何十年ものつきあいをしているような感覚になり、お客さんからも「あなたって、昔からの知り合いみたいね」と言われたり、「恥ずかしい話だけど、うちの息子の嫁がね…」などと、プライベートな話をしてくれることが多くなりました。

「とにかく私は、一年三百六十五日いつもニコニコしていようって決めたんです。そして、喜びいっぱいの人生を送るんだって。そうしたら、本当にそうなってきちゃったんです。心の世界って本当にすごいですね。毎日が楽しくて楽しくて仕方がありません！」

小聖は山で悟り、大聖は町で悟る

精神世界を追及している人は、様々な本を読んだり、いろいろな所に出向いたりして、求めて求めて、求め歩いています。

しかし、本当にそこで魂の底から悟れる人というのは一握りしかいません。そして、仮に山にこもって悟りを得ることができたとしても、街に下りて現実に戻った時、仕事の問題、職場での人間関係、お金の問題、健康の問題、夫婦の問題、親子の問題と、実に様々な問題が待っているのが実情です。せっかく悟っても、本当に現実の中で生かすことができるのかということが問題です。

しかし、本当に真我に目覚めていくと、真我は愛ですから、愛から出る知恵が自然とわき出てきて、人に対する思いも、仕事に対する姿勢もすべて変わってきます。そして、その結果、人間関係の問題も、仕事の問題も、そして、健康の問題も、家族の問題も、すべての問題がそこから見事に解決していくのです。真我に目覚めることによって、本当の悟り、実践に役立つ究極の悟りを得ることができるのです。「小聖は山で悟り、大聖は町で悟る」という言葉があります。まさに、私たちは、町の中で悟りを得ていくということが、最も大切なことなのです。

健康食品の営業をしている三浦浩太郎さん（36・仮名）も、大変熱心な勉強家でした。もちろん仕事柄、営業のノウハウ本は数多く読んで勉強していましたが、精神的な悟りが営業にもつながるはずだと彼は感じていたので、営業のテクニックを超えるような本を探し続けていました。

そんな時手にしたのが、私の著書『究極のセールス』でした。この本を読んで、ここに答えがありそうだと感じた彼は、たて続けに私の著書『遺伝子とサムシング・グレートは教える』も読みました。

三浦さんは、以前から精神世界の勉強をした中で、真我を知ることが最も大事だということは知っていました。そして、そのために自分で瞑想をやったりもしていました。瞑想をすることで、確かに疲れを取ることはできましたが、実生活やビジネスに生かすことはできないでいました。

そんな彼が、真我を自覚するために、私の所を訪ねてきました。

彼は、自分自身の奥深くを探っていくうちに、突然、親と自分の命がつながっていることを実感することができました。親の愛、宇宙の愛、調和の愛を体で感じることができたのです。その瞬間、彼の瞼からは感動の涙が止めどなくあふれ出てきました。自分自身が体全体で体験して初めて、頭で理解することとはまったく違うということに気づいたのでした。

その体験以来、彼の考え方も発想も大きく変わっていきました。そして、それが彼の実生活やビジネスにも変化をもたらしました。

「実は今日、あるお客さんに断られたんです。その時、不思議なんですが、笑顔が出てきたんです。以前だったら、『こんちくしょう』という気持ちになって、怒りが爆発して。結局最後は酒を飲んで愚痴をいう、というパターンだったのです。でも、今日はありがとうという心になって、自然と笑顔が出てきたんです。仕事に対するストレスはなくなってしまいました」

お母さんとの関係もまったく変わってしまいました。以前の彼は、自分をわかってもらいたい一心で、言うべきことは言い、怒りをぶつけてきたのですが、今はお母さんとも普通に話せるようになったのです。彼は、自分自身の本当の愛に目覚めることによって、態度も話し方も自然と穏やかで優しいものになったのでした。

未来を変える力が備わる

真我を開いていると、本当に驚くような不思議な体験をする方が大勢います。自分がふっと思ったことが目の前に現れたり、人の顔をふっと思い浮かべた時、その人と偶然街で会ったりということが頻繁に起きてきます。とにかく、驚くような出来事がいつも起こるのです。

真我に目覚めた会社員の小島拓也さん（40・仮名）にも、そういう不思議な体験が頻繁に起きるようになりました。

「例えば、あることをしたいとイメージしていると、それに関係することを電車の広告で見つけたり、まったく予定も用事もないのに、なんとなく行きたいなと感じた所へ行くと、『ちょうど呼ぼうとしていたところだ』と言われたりしました。『ああ、彼女があの角から出てくるところだな』と思ったら、そのとおりに彼女が顔を出したということもありました。『ありがとう』の一言も、心からのものかどうかが分かるようになりました」

なぜこのようなことが起こるのかというと、大きく分けると二つの原理があります。

一つは思いが実現するという世界です（28ページに前述あり）。人間が思ったことが物事を引き付け、モノを作り、そして自分からもそこに近づいていきます。例えば、お金が欲しいと思って下を向いて歩いていると、お金が落ちていたらそれを拾うことができます。

そして、もう一つは、予知の世界です。未来に起きる出来事が最初に見えてしまうということです。これは思いの実現の世界ではなく、未来を見通す心、見える心です。未来のことを予知するというのは、ちょうどフィルムを逆さまに回すことと同じです。最後まで見なければ犯人が誰なのかわからない推理映画でも、フィルムを逆さまに回すと、結論は先にわかってしまいます。この宇宙空間には時間というものはありません。今のフィルムの話のように未来が先に見えてもおかしくはないのです。それを予知というのです。

真我を開いていくと、むしろ、思いの実現の世界ではなく、予知的な部分が発達します。物事が見えてくる世界です。そして、さらに真我を開いていくことによって、見えるだけでなく、未来を変えることもできるのです。例えば、三年後にガンになって死ぬというのが見えたとします。しかし、自分の中から愛があふれてきた時に、その愛の念と病気の暗い念とは同居できませんので、光が闇を消すように愛が病気を消し、本当はガンで死ぬはずだったのが、生き延びて、長生きすることも可能なのです。

ですから、先見力ではなく、〝先変力〟、先を変える力がこれからは大切なことだと捉えています。彼に起きた体験は、まさに、先が見えてきたということだと思います。

私たちは、過去に起きたことで今や未来を判断し、悩んだり苦しんだり、持ち越し苦労したりします。私たちは過去の先入観に悩まされて自分の人生を作っているのです。その過去というものがどこにあるのかというと、自分の心の中にあるのです。自分の心の中に、過去の体験や経験があるのです。いうならば、私たちは過去の塊だということです。

その過去の延長線上に未来があるということで、その人の心を読み取った時に未来が見えるのです。心というものがあるから、過去と未来があるのです。心がなければ、過去も未来もないのです。

心の枠をはずせば、時間も空間もありません。ミクロもマクロも同じです。どこまでいってもきりがありません。ミクロだとかマクロだとか、過去とか未来は、すべて心が作った枠なのです。過去とは、私たちの心が作ったものに過ぎないのです。未来も同じです。

本当の真我、宇宙意識に目覚めた時に、一人一人の心や人類の心を手のひらに乗せることができます。同じ次元で考えているとその中に埋没してしまいますから、手のひらには乗りませんが、真我に目覚め、宇宙意識になった時に、人間の心が見えてくるのです。その人の心が見えるのですから、当然、その人の未来も見えてくるのです。今日どこどこに行こうと思ったら、その時点で心で決めているのですから、その心が見えた時に、どこにいるということが先に見えるのです。

ですから、これは決して不思議なことではないのです。

心に余裕がうまれる

レストランの店長をしている本田晋作さん（50・仮名）は、とても落ち込んでいました。店は売上が伸びず厳しい状態で、店の従業員との人間関係もうまくいかず、これから先その仕事をやっていく自信がなくなっていました。

そんな彼も、真我に出会って以来、まるで人が変わったように明るくなりました。店では、従業員から「店長、何だか急に明るくなりましたね！」と言われました。人と話をするのが楽しく、従業員一人一人に必ず声をかけるようになりました。それからは、従業員たちもニコニコと話してくれるようになり、店全体の雰囲気がパアーッと明るくなったそうです。

またこんなこともありました。

「先日、雪が積もって交通機関が麻痺した日があったんです。普段なら家から店までは車で二十分程で行くんですが、この日はかなりかかりそうでした。以前の私なら、とにかく早く店を開けに行かなくてはと、無理やりにでも車で行ったと思います。でもその日は、店の近所に住むパートの人に店を開けてもらうように電話をして、自分は歩いて行ったんです。久しぶりの雪景色はとてもきれいで感動しました。それに、車で通っていた時には気づかなかった小さな池を発見したり、カモがいっぱい飛んでいるのを見ることもできたんです。雪のおかげです」

今は仕事も楽しくて仕方がないという本田さんは、さらに続けました。

「例えば自分の心の時計がゆっくり動いているような感覚なんです。仕事をしていてもゆったりとしていて余裕があるから、ちっとも疲れないいんですよ。それに毎日何かしら、あぁ嬉しかったなぁ、楽しかったなぁ、という出来事があるんです」

新幹線に乗って窓から見る景色と、各駅停車に乗って窓から見る景色、自転車に乗って見る景色と、歩いて見る景色とでは、同じ所を通っても、まったく違う景色に見えるはずです。普段、あまりにも忙しいと、家族のことや、身近なことが見えなくなります。会社をリストラされ、仕事がなくなってから、家族のことや子どものことがよく見えるようになったということがあります。

まさに本田さんは、本当の自分に気づくことによって、余裕が生まれたのです。そのことによって、一度止まって周りの物事を見渡してみることができたのです。すると、足元には、普段気づかなかった小さなタンポポや、アリ、トンボ、いろいろな生命、いろいろな景色があることに気づくのです。そしてそこから、今までの生き方が根本的に変わることがあるのです。きっと本田さんは、生きている生命の本質的なものに気づかれたのだと思います。

足元を見ることも大切です。心に余裕を持つと、いろいろな景色が見えてきて、今までの喜びとは違う喜びを味わうことができるのです。ただあくせくしないで、心に余裕を持って物事を捉えていくことです。

私たちの心は、常に動いています。「不動心」という言葉がありますが、本当は不動心などないのです。どんなに高僧でも、後ろから知らない人にピシャピシャと何発か殴られたら、きっと「何をするんだ」と腹が立つでしょう。心には不動心ということはないのです。

本当の不動心とは、真我しかないのです。本当の自分に目覚めた時に、まったく動かない確固としたものになるのです。そしてそこに余裕が出てくるのです。

野望のビジネスから感謝のビジネスへ

伊豆で青果店を経営する高木史郎さん（50・仮名）が、最初に私の所に訪ねて来た時は、今にも会社が倒産寸前という状態でした。

四日後に三百万円の手形が落ちるにもかかわらず、貯金通帳はゼロ、現金は今日のわずかばかりの売上金しかありませんでした。そして、残りの四日間、店の売上をどう多めに見積もっても、百二十万円にも満たないというのです。もうどんなにがんばっても四日後の手形を落とすことはできません。もちろん金融関係にもすべて当たりました。しかし、返事はすべて〝ノー〟でした。まさに彼は、絶対絶命のピンチに立たされていたのです。

そんな時、ある方から真我開発講座を勧められたのですが、彼には受講するお金もありません。そこで彼は「もうどうせ倒産するんだから、講座の費用なんてあってもなくても同じようなものだ」と思い、レジからなけなしのお金を握り締めて、講座を受けに来たのでした。

そして、二日間の講座を受講した翌日、彼から私の事務所に電話がかかってきました。

「佐藤先生、奇跡が起きました！」

「どうしたんですか？」

「今、封筒が届いたんです。どこからかなと思って見てみると、『国民金融公庫』って書いてあるんです。〝ああ、また断りの手紙だな〟と思って中を開けてみると、『緊急融資』と書いてあるんですよ！　それも三百万です！」

三百万ということは、ちょうど落ちる手形の金額です。そして「緊急融資」ということは、印鑑を持っていけばすぐお金が下りるということです。彼は早速融資を受けに行き、そのお金で手形を落としました。

高木さんは、自分に起きた奇跡を「これはきっと真我が開いたからだ」と確信しました。

すっかり元気を取り戻した彼は、新たな計画を思いつきました。彼の奥さんが小さな焼き鳥屋を営んでいたのですが、その焼き鳥屋をチェーン展開しようというものでした。

それからしばらくして、「宇宙無限力体得コース」を受講した時に、その焼き鳥チェーン店の計画が瞬間に消えたのです。

「ああ、私はまた同じミスを繰り返すところだった。今までの失敗は、全部私の欲から出発していたんだ。私は間違っていた！」。そう彼は気がついたのでした。そして、今ここに果物一個を買いに来ているお客さま、そういうお客さま一人一人に対する感謝の心がわき上がってきたのです。お客さんが果物を買ってくれている姿を見て、涙があふれ出てきたのです。

「こんな気持ちになったことは、何十年か仕事をやってきて初めてです。ああ、これこそ感謝の心なんだなあ」。彼の中から本物の感謝の心がわき出てきたのです。お客さんと話していても、知らないうちに手を合わせてしまい、慌てて手を離すこともよくありました。

そしてある日、店に立っていた娘さんが、五百円の特価で売り出していた果物を、間違えて定価の千円で売ってしまったことがありました。高木さんは、お客さんに申し訳ないことをしたと思い、すぐ詫び状を書いて、おつりの五百円と果物を入れてお客さんに送り届けました。そのお客さんは本当に驚いて、店までお礼を言いに来てくれました。

それから店の売上はどんどんと伸び始めました。ただ、この調子でついついお客さんにサービスをし過ぎてしまい、「売上は上がったけれど、粗利は悪くなっているだろうな…」と彼は思っていました。ところが、月末になって計算してみると、売上も粗利も両方とも良くなっていたのです。「なぜなんだろう?」と彼は不思議に思いました。しかし、その理由もわかりました。今までは、売れ残りの果物は捨てていました。しかし、売上が上がり売れ残りも減り、回転率が良くなることによって、結果的に粗利も上がったのです。

彼はその後、驚くような体験をたくさんしたそうです。借金の問題も不思議な体験が重なり、すべて解決していったのです。娘さんも「お父さん、前とは顔色変わったね」と言ってくれるようになりました。彼は今、喜びと感謝でいっぱいの生活を送っているのです。

これから二十一世紀の本物のビジネスは、野望のビジネスではなく、感謝のビジネスなのです。まさに高木さんは、そんな本物のビジネスを実践された典型的な例だといえるのです。

真我はすべてに万能

真我を開くということは、本当に究極のことです。

人間は何をやらなければいけないかというと、本当の自分に出会うことなのです。

過去の哲学者、宗教家、偉人、聖人たちは、みなこの一点を伝えているのです。極端に言えば、他のことは一切何もやらなくていいくらいです。それぞれが、本当の自分に目覚めればいいのです。本当の自分、真我に目覚めれば全部わかります。全部わかってくるのです。

私も自分自身を含め、二十年以上かけて六万人を超える方を実際に確かめてきましたから、もう百パーセント間違いありません。そう言い切れます。

例えば人から質問をもらった時も、その人が質問している時にもう答えが見えてくるのです。ものすごく便利です。しかし、この特殊才能は、私だけが持っているわけではなく、みなさんにもあるのです。みなさんは、その特殊才能を使わないで、頭の平凡な才能しか使っていないだけなのです。

真我を開いていくと、まさにすべてに万能ですから、効果が出ないものは何一つないのです。健康問題、人間関係、仕事、家族の問題、地球環境問題、あらゆるものがこの真我で解決できます。本当に万能です。

ですから、敢えて極端に言いますが、真我を開くことの一点に集中するといいのです。

みなさんがそのことによって、例えば一時的にホームレスになってもいいというくらい徹したら何でも簡単にできます。儲かるため、健康になるためという損得勘定で中途半端にやったらダメです。それはまったく本末転倒です。真我を開くということが、人生にとっての目的であり、一番大切なことなのです。

本当は本を読んで心を頭で学ぶこともあまりお勧めしません。読んではいけないわけではないのですが、観念になってしまう可能性があるのです。観念になってしまうと、「わかったつもり」になってしまい、かえってわからなくなるからです。

本で読んで得た知識は、所詮イミテーションですから、ダイヤモンドと混同してしまうのです。ダイヤモンドとイミテーションは、一見見分けがつきにくいのです。ですから、真我を開くことだけに徹底することが一番確実で近道なのです。

この瞬間に目的は達成できる

目的とは遠い所にあるのではありません。あなたが真我に目覚めて、本当の人生を歩み始めた瞬間に、一瞬一瞬が目的を達成しているのです。

何かを勉強しなければいけないのではないのです。修行を積まなければいけないのではないのです。あなたの中にある、無限の愛の光を出していればいいのです。それが最高の答えです。どんな答えよりも上です。

本気で出すのです。今日が出発です。それを出し続けるのです。残りの人生すべて、真我の心で生きるのです。間違いなく素晴らしい人生を送ることができるでしょう。

人生とは、過去や未来に生きることではないのです。今ここが人生なのです。命を生かすとは、今ここに生きることなのです。今ここなのです。

あなたは、今までの何十倍、何百倍、何千倍素晴らしく輝いて、幸せに生きてもいいのです。自由なのです。誰が止めているのですか。誰も止めていないです。

幸せに自由に喜びいっぱいで生きると、何か罪でも犯してしまったような錯覚を起こしているのではないですか。それは間違いです。自分が苦しまなければ、人に申し訳ないと思っているのではないですか。人がやきもちを焼くと思っているのではないですか。

それは大きな勘違いです。一瞬そう思う人もいるかもしれませんが、その人も錯覚を起こしているのです。錯覚に惑わされないことです。

どこまでもどこまでも喜びに生きるのです。本当の人生を生きるのです。今生まれ変わるのです。新しく生まれ変わって再生するのです。本当の人生が待っています。本当の命を生かすのはこれからです。

何歳からでも決して遅くはありません。一生気がつかなくて終わってしまう人がほとんどですから、あなたはいくら年をとっていても遅くはないのです。

あなたは、父母の愛、神の愛、すべての愛に囲まれて生かされているのです。そのことに気づくのです。

愛そのものによって生かされている本当の自分に気づくことができれば、その瞬間に、あなたが追い求め続けた目的を達成することができるのです。

絶対に落ち込まない心

真我を開いていくということは、二十四時間、三百六十五日、いつもいつも機嫌がいいということです。いつも嬉しい。いつも人が大好きということです。

口から出る言葉も、手も足も、全部人のためにあると思うようになるのです。この顔も相手のためにあると。仏帳面をしていたら、相手にゴミをぶつけているのと同じだと思えばいいのです。だからいつも笑顔でニコニコしていくことです。相手のためにあると思えば、あまり変な顔はできないはずです。

救う人と救われる人とがいます。これからの時代は、救う人の方が救われる時代になります。

もしみなさん自身に何か悩みがあったとしても、誰か人の悩みの相談に真剣にのってみてあげてください。きっとみなさん自身の悩みは忘れてしまいます。

悩んだり、苦しんだり、うつ病になったりするのは、ほとんどが、自分自分自分自分…と自分のことばかり考えているからです。するとますます落ち込んでしまいます。その暇があるなら、一秒でも人に喜んでいただけるような顔つきになって、言葉になって、態度になって、真我の心で行動してみましょう。絶対に落ち込まないはずです。

私の所には、重病の人やひどく落ち込んだ人など、いろいろな人が訪ねて来ますが、私が絶対に落ち込まないのは、その人が良くなるために全力でやるからです。

私が自分のことばかり考えていたら、すぐにやられてしまいます。その人のためと、自分の持っているエネルギーを出していったら、絶対に落ち込みません。

仮に、相手が自分のことをいじめてやろうと来たら、逆にこちらはその人の助けになるようにやってあげたらいいのです。そうすると絶対に落ち込みません。

意識が低いということは、自分のことしか考えていないことです。意識の高さとは、愛の広さだと受け止めたらいいのです。奥さんや親のような身近な人から始まり、会社を、そして町を、そして日本を、世界を、地球を、と広げていくのです。

もし意識をどうやって上げていったらいいかわからなければ、まず一番身近な人に対して愛の表現をしてあげることです。それが損か得かとか、打算的に考えず、とにかく愛をどんどん表現していくことなのです。

魂の道を歩めば人生は自由自在

私は自分自身の経験の中から、魂に磨きをかけるという観点で人生を捉えれば、人生で失うものは何もないということに気づきました。

真我に目覚め、愛にあふれ、魂が磨かれている人は、たとえ会社からリストラされても、きっと大歓迎してくれる所があるに違いありません。世の中にそれほど素晴らしい人はいないからです。このような人は、どこに行っても、またそこを新天地として、新しく立派にやり直すことでしょう。

今の時代には、まさにこういう生き方が求められているのです。

日本全体を見てください。戦後、目覚ましい復興を遂げて、国全体が凄まじい勢いで発展していき、短期間で世界一のお金持ちになりました。そして、土地成金や株成金といった人がたくさん生まれました。

ところが、バブルがはじけると、昨日までの英雄がバタバタバタと一挙にいなくなりました。何のことはないのです。彼らはただ単に欲が深かっただけなのです。人からたくさんお金をかき集めただけなのです。

しかし、そこで「人生とは魂に磨きをかけるものだ」と捉え、真我を開いていくことに焦点を当てていったら、その人は会社がなくなろうが、地位がなくなろうが、お金がなくなろうが、「私は何も失っていません」と堂々と言えるはずなのです。

私の知人で、家が火事になって、何もなくなってしまった人がいます。ところが、その人の知人が、たまたまインターネットでその状況を発信したところ、全国からいろんな人がモノを送ってくれたり、さらに知人から家まで提供してもらい、すぐに火事になる前と同じ状態になってしまったのです。

その人が言っていました。

「私は、火事になる前より、遥かに豊かになりました。なぜならば、人の愛がわかったからです。火事になっても何も怖くないということがわかりました」

人生の道を、そのように魂の道、真我を開いていく道と捉えたら、みなさんも何も怖くなくなります。単に、昨日よりモノが集まったとか、お金をたくさん稼げたという目先のことだけで生きなくなります。

そして魂の道を歩めば、人生は自由自在、伸縮自在になるのです。

真我を開くことがなによりも一番

真我を開くことによって、みなさんの考え方が変わり、出てくる言葉も態度も顔つきまでもが変わります。ですから真我を開くということを、何よりも優先順位の一番にしなければいけないのです。

真我とは真《まこと》の我《われ》です。本当の自分を開いていくことが一番なのです。本当の自分、あなたそのものを出していくということが一番でなければ、何を一番にしたらいいというのでしょうか。それを間違えてしまっては、本末転倒です。そこからすべてが発生するのです。仕事も家庭も健康も、全部本当の自分が生み出していくのです。

例えば「あなたの人生にとって最も大切なものを百個書き出してください。そしてその中で大切なものから順番に番号をつけてください」といったらどうでしょうか。おそらく全員同じものが一番になると思います。それは、自分の命そのものです。そしてその命の悟りが真我なのです。それが一番になるはずです。それがあれば、残りの二番から百番まで全部足しても、一番にはかないません。

その一点に注力すれば、他のものは全部自動的に変わってくるのです。人もモノも、あらゆる出来事も、あらゆる状況も全部変わっていくのです。それだけは、みなさんに何度も伝えていきたいと思っています。

真我を開くということは、精神的な悟りではないのです。もちろん学問的な悟りでもありません。これは、命の悟りなのです。命の悟りですから、絶対優先順位の一番なのです。

私は、真我を開発するということは、人類意識を変えることだと捉えています。「こんなに少ない人数でやっていて、本当に人類意識なんて変えられるのか？」と聞かれるかもしれません。しかし、それは大きな間違いです。これは今までの気づきとは違います。一人の人が本当に真我が開いてきたら、同じ時期に、世界の誰かが影響を受けているのです。共時性（シンクロニシティー）と言って、深いところでつながっているのです。そして、加速度的に目覚める人が現れてくるのです。

ですから、とにかく一人一人が真我を開くことを優先順位の一番にすることです。

真我の道を生き切る

神は一つ、宇宙は一つ、愛は一つ、それを命で体感するのです。命で体感した時に、究極の全体意識に目覚めたということになるのです。みなさんは、生きているうちにそれに目覚める必要があります。目覚めるところが出発です。その目覚めた人生で生きるということです。

みなさんの中には、「私一人ぐらい目覚めても、周りが目覚めていなかったら、また引き戻されるんじゃないか」と思う人がいるかもしれません。そうではありません。それは中途半端な人です。

道が二つあるとしたら、一つが真我の道、もう一つはエゴの道です。真我の道を生き切るのです。そして、どんどん戻れないくらい生き切ったら、今度は周りが変わってきます。もし周りに引き戻されたら、それは、自分がまだ中途半端だからです。本当に百パーセント、真我の道を生きたら、絶対に戻りません。

道を知っているということは、一番楽なことなのです。みなさんも車を運転する時に、道を知っていたら楽ですね。たとえ人に「こっちだ」と間違った道を教えられても、惑わされることはありません。

自分の人生の道を知っているということが一番大切なことなのです。何のために生きて、どちらの方に向かっているのかを早く知って、その道をグッと進むのです。

人生にとって迷わないということが一番大切なことなのです。

神は百パーセントしかないのです。百かそうでなければゼロです。九十九パーセントも、九十九・九九パーセントもゼロと同じなのです。

今までは、「信じる」といいました。しかし、「信じる」というのは、盲信になりやすいのです。だから、カルト宗教に洗脳されたりするのです。そうではなく、ちゃんと目を開けて、真実を見るのです。真実を見たら、信じなくてもいいのです。

目の前に時計を見せられて、「これは時計だ」と言われたら、信じなくてもしっかり見れば時計だとわかります。もし疑っていたら、調べればいいだけのことです。「信じる」というのは、盲信になりやすいのです。だからこれからは「信じる」時代ではないのです。事実を理解し、真実を観る時代です。この道を行けば、間違いなく素晴らしい世界があるということがはっきり観えたら、何にも惑わされないのです。

モノも金も後からついてくる

私たちは今まで、外からいろんなものを自分に引き寄せていくことが成功、たくさん集めることが幸福につながると思っていました。そして、いろいろな知識を頭の中に詰め込んだ人をエリートと呼んできました。

何かをしなければ喜びではない、何かを達成しなければ成功ではない、何かを得なければ幸せではないという価値観で常に生きてきました。では一体いつになったら、本当の喜びや成功や幸せは得られるのでしょうか。

確かにそれを得た時は、喜びかも知れません。しかし、その喜びは一瞬のものです。それに慣れてしまったら、それはもう喜びではなくなってしまいます。

しかし、これからは違います。何も外から引き付けようとしなくても、もともとすべてがみなさんの中にあるのです。

貪欲で何でも自分のものにしようとする人と、いつも喜びにあふれて光輝いている人と、みなさんはどちらと付き合いたいですか。隙を見せたら何か取られそうな人と、光あふれて、この人と近寄ったら光が来るんだ、愛が来るんだ、喜びが来るんだという人とどちらと付き合いたいですか。

付き合いたい人のように自分が先になることです。簡単なのです。

そうなれば、後からいろいろなものがついてきます。そういうものを追いかけなくても、モノも金も後からついてくるような人間にならなければいけません。そちらの方がいいのです。いつも喜びでいながら、結果的に豊かになっていけばそれに越したことはないのです。そうなりましょう。単純明快です。

常に私たちの中に真我が存在しているのです。真我を出していけば、二十四時間、三百六十五日、一生、いつも喜びで最高だという生き方ができるのです。そして、休みなく喜びと感謝があふれてきて、これから残りの人生を全部素晴らしく生きられれば、これ以上のものはないのです。

人生の残りの時間が、全部素晴らしくなった人のことを本当の成功者というのです。自分自身が喜びで、感謝にあふれ、愛にあふれていったら、毎日いつでも、「今幸せ」ということができるのです。またそういう人の人生が悪くなるわけがないのです。

魂の道の存在とは

人生を歩んでいくのに究極のいい方法をお伝えします。

それは、私たちは常に二本の道を歩んでいると捉えることです。二本の道とは、一つは人生の道、そしてもう一つは魂の道です。この二つの道を同時に歩んでいると捉えると人生の歩み方が全然違ってくるのです。

仮にあなたが、何十年も勤めていた会社を、ある日突然リストラされ、退職金もほとんどもらえなかったとします。今まで一生懸命やってきたことが一切ゼロになってしまったのです。そんな場合、あなたならどうでしょうか。

会社を経営していても倒産ということがあります。夫婦でも同じです。離婚になった時に、今まで積み重ねてきたのは何だったのだろうかということになります。リストラに遭ったり、倒産したら、そこにいろいろな心の葛藤があり、そしてそこで「あいつのお陰で…」と人を恨む人もいます。何もなくなって、恨みだけが残ってしまうこともあります。そういうことが今巷では数多くあると思います。

人生の道だけと捉えると、何十年も積み重ねてきた財産や地位がなくなり、すべてがゼロになってしまった時、本当に危険です。まったく行く手がふさがれたら、「もう後は首を吊って死ぬしかない」となってしまいます。この前も、リストラされて「オレが死ねば保険金でなんとか女房をくわせてやれる」と言っていた人がいました。

しかし、私たちは、人生の道と同時に魂の道も歩んでいると受け止めると、発想が違ってくるのです。魂の道を歩んでいたら、苦しみや問題があれば、逆にそれだけ魂に磨きがかかると捉えることができるのです。

例えば、悩んで苦しんでこの本を読んでいる方は、悩んで苦しんだからこそこの本を手にしたのです。ですから、そのことによって魂に磨きがかかったのです。いい時は本を読まない可能性があります。ということは、私たちの人生は、いろいろな問題があって、初めて魂に磨きがかかってくるとも言えるのです。

このように、魂に磨きをかけるということに焦点を当てれば、リストラされても、会社が倒産しても、自分自身の意識はそのことによって逆に向上するのです。

この観点で捉えられれば、ものは失ったけれど、本当に一番価値のあるものは失うどころか、得ることができたといえるのです。

シンクロニシティーが起こる世界

真我に目覚めれば、心は一瞬にして素晴らしくなります。四次元の世界ですから時間差がありません。

しかし、三次元の肉体の世界は、時間が必要です。ですから病気が完治するまでには少し時間が必要です。しかし、四次元の世界で喜びの愛の世界、感謝の世界になり続けていくと、必ず時間差で後からいい結果が出てくるのです。

さらに本当に深いところまで入っていけると、こちらで講座を受けているのに、遠く離れた奥さんや子どもさんが変わっていたということもよくあります。

奥さんが真我に目覚めて、愛にあふれて家に帰ったら、家で待っていたご主人が考えられないくらい優しくなっていて、それ以来ずっと家事を手伝ってくれるようになったなど、そういう例はいくらでもあります。

これは194ページでも少し触れましたがシンクロニシティー（共時性）と言って、深いところでつながっているから起きるのです。

「百一匹目の猿」という話を聞いたことがあると思います。

それまでは砂がいっぱいついたままの芋を食べていたのですが、ある猿が川で洗って食べるという知恵を覚えたら、他の猿も川で洗う方法を覚えて、その方法を百匹が覚えたら、遠く離れた他の島の猿もまったく同じことを偶然同じ時にやっていたという話です。そしてそのまた向こうの島でも同じことをやっているのです。もちろん猿が海を渡って、連絡をとりあっているわけではありません。

要するに共時性という、すべてがつながっている世界です。

魚や鳥が集団で飛んでいったり海で泳いだりします。そしてみな同時に向きを変えたりします。〇・一秒の狂いもありません。リーダーが、こっちに行けと言っているわけではないのです。まったく同時にピッと向きを変えるのです。あれはまさにつながっているのです。

私たちにも、そのようにつながっている心はあるということです。みなさんが真我を開くと、そのような体験をすると思います。

人間がわかっていることなど、ほんのわずかなものなのです。まだまだわからない世界があります。そちらの方がはるかに多いのです。

真我を開発すると、そういう現象が次々に起こってくるのです。

唯物主義と唯心主義

世の中には大きく分けて、唯物主義の人と唯心主義の人がいます。

唯物主義とは、お金やモノを得るために心を変える人のことです。お金を手に入れるためには、極端にいえば、人を犠牲にしてもいいというタイプです。

このような人は、バブルのような時代にはわかりませんが、今のようなより本物を求める時代になると、段々周りから浮いてきてしまいます。

これからの時代は、唯心主義の人の時代です。

自分の心を変え、心を成長させることが一番で、心を変えた結果、お金でもモノでも後から生み出していくというタイプです。

唯心主義の人を、さらに二つのタイプに分けることができます。

一つは、観念の人です。頭で全部解決しようとする人たちです。

しかし、心と頭とは違います。心で感じるのであって、頭で感じるのではないのです。頭の観念だけでは、人間関係はなかなか通用しません。表面的にはうまくいっても、本当に通じ合える関係にはならないのです。

もう一つは、真我の人です。愛そのものの本当の自分に目覚め、本当の自分で生きる人です。これからは真我の人の時代になることでしょう。

自分のエゴで行動をするか、愛で行動するかはまったく違います。医者が儲けのために治療するのか、患者さんを本当に治すために治療しているかは違います。

観念の人は、頭に知識を入れて、それをもとに考えるので、知識の豊富な人を立派な人だと思ってしまう傾向があります。ですから、物質的になってしまう可能性があるのです。

さらに、真我の人も二つに分けることができます。

一つは、自己の悟りだけで終わる人です。自分だけが悟りを得て、それで満足してしまい、周りの人にはそれほど影響を与えない人です。

もう一つは、他人の悟りの協力をする人です。真我を開き続けていく最大のコツは、自分の周りの人も同じように真我に目覚めていくように協力をすることなのです。

そうすれば、もう元には戻りませんし、何があっても動じなくなります。環境作りは大切なことなのです。

財産は地球のすべて

今までは、例えば風船でいうなら、「フー」と膨らませた人を成功者と言っていました。しかし、それはいくら膨らませてもその範囲内でしかありません。それを逆に「スー」と縮ませたら、今度は空気全部が自分のものになります。最初から風船など膨らませなくて良かったのです。

167ページでも触れましたが仏教の言葉で、〝無一物無尽蔵〟という言葉があります。〝無一物無尽蔵〟とは、何もない、何もないけれど無尽蔵に自分の宝だということです。「私の財産はこれだけ」と言ったらそれだけ、「私の土地はこれだけ」と言ったらそれだけです。しかし、全部手放して「私の土地は地球にあるすべてのもの」といったらすべてのものが自分の財産に変わります。「私の財産は地球であり宇宙全部です」と。「私の人脈は誰々」と言ったらそれだけです。しかし、全部手放して「私の人脈は地球上にいるすべての人」と言ったら全人類が人脈になります。「まだほとんど会ってないけれど」と、会っていなくてもいいのです。未だ見ぬ人も全部仲間だと思えばいいのです。

私たちは、自分の考えの範疇でしか受け入れないところから早く卒業しなければいけないのです。

以前日本は〝愛国心〟で戦争を起こしました。あれは自分の国を愛していたけれど、隣の国まで愛していなかったということです。〝愛世界心〟があれば、戦争する必要すらないのです。奪う必要などないのです。みんなが仲間で、地球がみんなのものだからです。

宇宙にも知恵を使えば住めるのです。こんなに宇宙は広いのですから、宇宙が全部住む場所だと捉えたら、宇宙は無限ですから、人口が何百倍、何千倍になってもどうということはないのです。そういうことに頭を使えばいいのです。

ところが現状は、わずかばかりの土地や財産をみんなで奪い合っています。本当はみんながそこに目覚めればいいだけなのです。するとみなさんの生き方も考え方も変わります。

みなさんが愛そのものになって、全身が愛を自覚した時に、周りに敵がいなくなるのです。無敵の世界です。

そういう素晴らしい心をどんな人も持っているのです。

第七章 すべてが完全になる世界

大いなる力の真実

私たちにとって、考える能力はもちろん大切なことなのですが、真実を観る能力は、実はそれ以上に大切なことなのです。

では、真実を観る、真実を捉えるというのはどういうことでしょうか。

今ここにいながら、私たちの心臓は、ある一定のリズムで動いているではありませんか。そして、食べたものは自動的に消化吸収していくではありませんか。そして、今この場所にいながら、いろいろな人に囲まれて生きています。よく目を見開いて見てください。

空気もあります。水もあります。食べ物もあります。そして、私たちは一人ぼっちではありません。多くの人に助けられています。支えられています。大変多くの人に支えられて、生かされていることは間違いありません。大いなる力によって生かされているのです。

どうぞ、あなたの現実を見渡してください。きっと、注意深く見ると、あなたを支えてくれるあらゆる事柄は、あなたにとって、大きな気づきや喜びを与えてくれているでしょう。あなたが心の目さえ開けば、いくらでもそのことに気づくと思います。

外資系企業に勤める佐々木博人さん（33・仮名）は、ビジネスマンとしてとても能力のある方です。彼は、これまで自らの力を信じ、がむしゃらに仕事をして生きてきました。

しかし、そんな彼が自らの中にある本当の自分に目覚めた時、自分は生きているのではなく生かされているのだということを、体で感じることができたのです。今まで自分の力で物事を回していると錯覚していたことにも気づきました。そして、周りの人たちに対する気持ちがいかに大切かを、この時初めて知ることができたのです。そして、今まで感謝したことがなかった親に対しても、無性に感謝の気持ちがわいてきたのです。

その後、彼の仕事に対する姿勢や考え方が変わっていきました。

「仕事をする上で、視点が増えました。物事を別の角度から見られるようになったというのでしょうか。例えば、営業で自分が勝てないことも、一歩引いて客観的に見られるようになりました。大きな目で見ていこう、相手のバックグラウンドを尊敬していこう、という気持ちが現れるようになったのです。否定的になるのではなく、積極的に解決していこう、と思えるようになりました。今は、どんな時でも感謝の意識を持たなきゃいけないな、と感じて生活しています」

自分が仕事をする前に、まず自分は生かされているのだという真実を観ることが大切なのです。考える能力よりもはるかに大切な真実を観る目を持つことができれば、彼がいうように広い角度で観ることができるようになり、様々な物事を全体的に捉えることができるようになるのです。そうすれば、今ここにいながら、何も変化がなくても喜ぶことができるのです。

すべてが完全になる世界

私たちが、本当に〝完全〟に目覚めたら、私たちの不完全は消えていきます。これは事実です。私は断言できます。

脳腫瘍になった人が二カ月半できれいになくなったり、八十歳を越えた全盲の方が二時間ほどで目が見えるようになったりしたこともあります。

これは奇跡でも何でもありません。

もともと神は、私たちの命を完全に作っているのですから、私たちが完全であるということに目覚めた時に、不完全なものは消えるのです。不完全だと思っていたら、不完全な方にいきますが、〝完全〟に目覚めたら完全の方にいくのです。

頭で理解するだけではダメなのです。本当に細胞の一つ一つまで、全身でわかった時に、私たちは完全に戻るのです。

私はこの世から病院がなくなる時代が、遠からずくると思っています。

うつ病で家に五年も閉じこもっていた二十代の青年がいました。彼はタバコを買うにしても、夜中にしか家を出られなかったのです。

そんな彼も、真我開発講座を受けて真我に出会い、普通の人よりもはるかに明るくなってしまいました。そして、仕事にも就いて、今や職場では若手のリーダー的な存在にまでなっています。本当に元気そのものです。

私たちは、病気になるとどんどん死に向かっていくか、どんどん回復に向かっていくか、どちらかです。死が悪いと言っているのではありません。病気をしても、そのことによって目覚めたら成功なのです。

みんなが一つで、神であり、愛であり、全部一つだということが、完全にわかってこの世を去れたら、それは、完結したということです。目的を果たしたということです。

それは、宇宙意識に目覚め、愛そのものであり、光そのものであるということを、体感し、体得したと言えるのです。それができたら、私たちは、完全に成功者であり、最高に幸せな人になれるのです。

人は何のために生きるかの答えは、まさにこれなのです。

ほとんどの方がこの目的を果たさないで、この世に終止符を打っていくのです。下手をしたら、「ああすれば良かった」「こうすれば良かった」、「あの野郎」「この野郎」と言って、後悔や恨みを抱いて、死んでいく人もたくさんいるのです。

私たちは遅かれ早かれ、全員死ななければいけないのです。であるならば、生きているうちに、本当にその究極をわかって、それを命で体感して、生き切れたらいいのではないでしょうか。

真理を知れば一切振り回されない

宇宙の絶対法則があります。この地球を回している法則、力、この銀河系を作ったのは私たちではありません。人間を作ったのも、私たちではありません。これは宇宙の法則、命の法則です。

聖者といわれている釈迦やキリストのような人たちは、宇宙の法則をインスピレーションで悟りました。ですから、誰々が言った何々教という宗教でもありません。

しかし、この宇宙の法則が、弟子から弟子に次々と伝わっていく間に、次第に知識になってしまうわけです。そして、人を介しているうちに分裂を起こしていき、戦いになってしまう可能性があるのです。

そこで、直接、宇宙の法則とつながることが必要なのです。いうならば工場直売です。問屋さんを通さないのです。これは考え方や思想ではありません。

釈迦やキリストと同じようなものが、もともとみなさんの中にもあるのです。それを真我と言うのです。釈迦やキリストが悟ったことと同じものが等しくあるのです。

しかし、私たちはそれを感受しないで、どうしても誰かから教わった知識や、考え方、過去の経験をもとにして、自分の考えにしてしまいます。考え方とか思想だったら百人いたら百人全部違います。ですから、まず一つにはなりません。

しかし、物事の真理とは、全員を一つの考えにすることができるのです。

地球が丸くて、地球が回っているということは、今はロケットなどから地球を見ることができますから誰でもわかります。そこで、「ああ、そうだ」と、今までは地球が平らだと思っていた人がいたとしても、全員がひっくり返ってしまいます。その真実に気づいた時に、考えが一つになるということです。

物事の真理がわかれば、これは信念以上なのです。「信念」とは、信じて念ずると書きますが、信じて念じる必要もないのです。

考え方だけでは、人が言ったことに「ああそうかなあ」とか、「やっぱり違ったのかな」とか、いちいち振り回されてしまいます。

みなさんが本当の自分に目覚めると、ああ言った、こう言ったと人の言葉に左右されなくなります。別にその人が何を言おうが振り回されなくなります。ですから、ものすごく楽になるのです。

人類全体が目覚める時代

私は、これから本当に人類が真我に目覚める時がくると確信しています。またそうならないといけません。なぜならば、人間が考えたものには必ず限界があるからです。例えば、ある特定の企業の論理でがんばれば、地球全体がおかしくなってしまうということが大変多くあります。ほとんど全部おかしいといってもいいくらいです。医者は薬品だけで病気を治そうとしています。そのせいで多くの副作用が生じていますし、何も根本治療にはなっていません。

すべて、人間が自ら考え出したことには、限界があるのです。

しかし、これからは変わると思います。今は世の中が大きく変わる時です。

昔、天動説が唱えられていました。全世界の人が、太陽が地球の周りを回っていると思っていました。しかし、ガリレオやコペルニクスが、「いや地球が太陽の周りを回っている」と地動説を唱えたわけです。一人か二人対全世界です。しかし、今は地球は平らで太陽が回っているなんていう人は誰一人いないですね。今はまさにそんな時代なのです。

今までは、考え方や心を優先してきました。しかし、これからは、宇宙の法則に沿って生きる生き方をするようになるはずです。

宇宙の法則の実践は、愛を放っていくということです。調和の心を引き出していくのです。これは過去数万人に話しましたが、「佐藤さんのそこが違う」と言われたことは、今まで一度もありません。多くの人が、すでに目覚め始めています。

私は昔からよく講演を頼まれましたが、「神」という言葉を使うと「何かの宗教じゃないか」と嫌がられました。しかし、今はそんなことを言う人はあまりいなくなりました。明らかに社会や世の中の人たちが変わってきているのです。

先日、講演の依頼に訪ねて来たある商工会議所の方から、「最近は、戦略だとか、戦術ということをやっても、全然人が集まらないんですよ」という話を聞きました。「では、どういうテーマに集まるんですか」と聞くと、「佐藤さんみたいなことを言っている人に、人が集まるんです」と言っていました。

まさに、心のこと、心に目覚める時代に、一挙になってくると思います。

生きる使命とは

私は以前、レストランを七〇店舗経営していました。

ところが、ある頃から、経営者でいることが苦しくて苦しくて耐えられなくなりました。「このままいったら、オレは死ぬ」というところまでいきました。そして、そこから脱皮して、今の仕事をやっているのです。

今は、その頃よりも、何十倍も何百倍も幸せです。自分の役割や使命を知って、そのことに集中していけるからです。こんな喜びは他にはありません。

なるべく一刻も早く、みなさんにも全体意識に目覚めていただきたいと思います。全体意識に目覚めれば、自然と自分のより大きな使命に近づいていくのです。

ところで、みなさんは、「所詮はみんな孤独なんだ」と思って生きているのではないでしょうか。どこかでみんな寂しい思いをしているのではないでしょうか。

こういった思いは、すべて固体意識から出てくるのです。

しかし、それと同時に、私たちはみんなと喜びを分かち合うという本能も持っています。最初からそういう心があるのです。

これは全体意識です。

宇宙飛行士が、宇宙から地球を見た時に、ワーッと涙を流して感動したという話があります。それは、そういう心がもともとあったから、感動して涙が出てきたのです。そういう思いがなければ、感動もしないのです。

時間と空間を越した全体意識に目覚めるのです。そしてそれを具現化していくのです。頭で理解するのではなく、全体意識、神意識から出発をするのです。

私たちは全体意識に目覚めることによって、恨みも憎しみも恐怖も不安も、そして孤独感もすべて消えてなくなるのです。

ですから、これから最も大事なのは全体意識の目覚めなのです。全体意識とは真我の目覚めであり、光の目覚め、愛の目覚め、神の目覚めなのです。

私は、これほど自信を持っていい切るのに、十数年かかりました。今は百パーセント確信を持っています。

すべてが一つ、一体となること

私たちは固体意識を持って生きています。「私」とか、「わが家」とか、「わが町」とか、「わが日本」といった固体意識が、すべての問題の原因になっているのです。日本も昔は国盗り合戦をしていました。やっと一つになったと思ったら、今度は他の国と戦争をしました。

私たちが本当に目覚めなければならないのは、固体意識ではなく全体意識なのです。生きているうちは、どうしても自分のことだけを考えます。しかし、自分のことだけを考えていたら、相手も自分のことを考えていますから、お互いにぶつかり合ってしまいます。そして、また苦しまなければなりません。

七年間も遺産相続争いをしていた兄弟がいました。

お互いに一歩も譲らず、ちょっとでもたくさん取ろうとしますから、一向に解決しませんでした。従来の成功哲学の考え方では、たくさん取った方が勝ちですから、そういう発想では解決できないのです。

兄弟は一つ、身内も一つ、あなたも私、私もあなた、そして、全体が一つなのです。

そういう気持ちになっていったら、奪い合いではなく譲り合いになってくるのです。

彼らは実際に、全体意識に目覚めることによって、今まで繰り広げた遺産相続争いを、あっという間に解決していったのです。

一体、何が成功なのでしょうか。たくさん取ったら成功なのでしょうか。兄弟や親戚の関係が滅茶苦茶になって、恨みつらみが残ったら、果たしてそれは成功といえるのでしょうか。その方たちは、それで苦しんで死にたいと言っていたのです。お金が手に入ったとしても、死んでしまったら何にもなりません。まったく逆さまになってしまう可能性があるのです。

今、私たちは、全体意識に目覚めなければならないのです。私たちの喜びが永遠に続くのは、自分の喜びと、すべての人の喜びが一体となった時なのです。

自分の喜びだけを追いかけていくと、他人は喜んでいませんから、どこかでぶつかってやられる可能性があるのです。ところが、自分の喜びが相手の喜びと一体になっていたら、相手にも喜ばれていますから、それがずっと継続するのです。喜びがずっとつながっていくのです。

空間的全体意識と時間的全体意識

全体意識に目覚める喜びは、何にも比較にならないほど大きいものです。

プロ野球選手が、チームが一丸となって優勝した時に、ビールかけをしたりして、みんなで喜びを分かち合っています。個人の成績もありますが、それよりも全体意識の喜びのほうが大きいのです。

私は、全体意識の目覚めこそが、人生の目的だと捉えています。

全体意識には、空間的全体意識と時間的全体意識があります。

空間的全体意識とは、私たちが、単に地球を住家にしているのではなく、宇宙を住家にしていると捉えるということです。本当に真我に目覚めたら、宇宙を住家にする発想が出てきてもおかしくありません。すると、他の土地を奪わなくても済みます。

銀河系だけでも何千億という星があるのです。

限られたパイの奪い合いをするから、争いが起こり、戦争になったりするのです。

私たちが、そういう小さい部分でしか捉えていないからです。

今、全世界の人口が約六十五億人ですが、それがこのままどんどん増えて、百億人になろうが、一千億人になろうが、宇宙が住家ならばどうということはないのです。

時間的全体意識とは、永遠を自覚するということです。

私たちはオギャーと生まれて、現在があって、いつか死ぬというように、時間も固体的に捉えています。しかし、永遠という観点で捉えた時に、時間という観念がなくなってしまいます。

私たちが、永遠ということを悟るには、この肉体的な観念では無理なのです。この肉体は永遠としては見えないからです。

私たちは、真我に目覚めた時に、永遠を自覚することができます。そしてその時、私たちは、死なないということを悟るのです。そのことを悟った時には、本当の自分に目覚めないで生きることの方が、むしろ死んでいるといえるのではないかとさえ感じるのです。

真我に目覚めることが出発点

この全体意識に目覚めたら、本当にみなさんは最高だと言えるようになります。真我開発講座を受けられた方は、最近では極めて百パーセントに近い確率で、そういう体感をされます。

ただ残念なことは、しばらく時間が経ってしまうと、また多くの方が、元に戻ってしまうということです。もちろん、元に戻らず、真我を開き続ける方も大勢います。

私が今、最も力を入れようとしているのはそこなのです。この喜びの世界、幸せな世界、愛そのものの世界を継続して、一生涯それで生きるようにすることです。

真我に目覚める、全体意識に目覚めるというのは、終着点でもあり、出発点でもあるのです。

そこを終着点にしてしまったら、後は真我がどんどん閉じていって、結局は元に戻ってしまう可能性があります。

そうではなくて、その喜びを出発とするのです。日が経つごとに喜びが大きくなっていき、発想が素晴らしくなり、あらゆるものが良い方に変わっていく入り口だと捉えるのです。

私も常に今が出発だと捉えています。ですから、私を前から知っている人は、私がどんどん変化しているのがわかるはずです。

真我は無限です。宇宙、神は無限なのです。この無限を自覚するのに、「はい、わかりました」と言ってしまったら、どうでしょうか。私はそうあるべきではないと思います。

生きているうちに、その無限を自覚して、それを具体的に表現していくのです。いつも喜びにあふれ、機嫌がいいというようになればいいのです。そうすれば、みんなに好かれますし、みんなにいい影響を与えます。たまに、「なんで、あいつはいつも機嫌がいいんだ。オレはこんなに気分が悪いのに……」と文句を言う人もいますが、そういう人は焼きもちをやいているだけなのです。

大体の人は、機嫌が良くて輝いている人が好きです。

魂の深いところで、喜び、光り輝き、愛があふれ出てきたら、そこを出発点として、無限に膨らませていくことが、一番素晴らしいことではないでしょうか。

世の中は二つに分かれてきている

私は、よくこういう質問を受けます。

「佐藤さん。そんなわずかな人間を対象に講座をやったって、世の中変わらないんじゃないですか？」と。

それは、従来の物理的な発想なのです。ところが、次元上昇の世界は違うのです。ここで目覚める人がポーンと出たら、世界のどこかに必ず影響を受けている人がいると思ってください。すると、またその人の影響を受ける人が出てくるのです。その内、バタバタバタバタバタ…と目覚める人が出てきて、世界全体が変わる時がくるのです。

ですから、その人一人だけの問題ではないのです。

真我開発講座を受けて家に帰ったら、もう奥さんが変わっていたとか、ご主人が変わっていたとか、お子さんが変わっていたということは、日常的に起こっているのです。

これからは、みなさんが宇宙意識に目覚めていく時代です。

この波動の世界は、光より早いのです。ですから、自分がここで目覚めれば、どこかで必ず影響を受ける人がいるのです。そのスピードは本当に早いです。

その証拠に、私が十数年前に、講演で「神」という言葉を使った時、露骨に嫌な顔をされました。当時はまだモノを追いかけている人が圧倒的に多かったからです。ところが今は、全然変わってきています。今は、私が「神」の話をしても、誰も嫌がりません。未だに嫌がっている人は、よほど、時代遅れの人です。

ですから、明らかに世の中は変わってきているのです。見えないからわからないだけなのです。

そして、もう一方では、地獄のようにものすごく苦しんでいる人もいます。両極に現れてきています。

天は二つの道を必ず用意してくれているのです。ですから、目覚めてどんどん次元上昇していく人と、逆にわからないでどんどん落ち込んでいく人と、両極端に分かれています。今世の中は、見事に真っ二つに分かれているのです。

私たちの心の中に宇宙がある

東京に住む主婦、田中順子さん（仮名・45）が、ある日、私に感動的な手紙を送ってくれました。この中に、実は私がいわんとすることのすべてが集約されているのです。それほどすごい手紙でした。

「今から22年前に自殺した妹を救ってあげられなかったこと、姑との関係のことで悩んでいました。

そんな折、『未来内観コース』を受けました。

その中で、亡き祖父が出てきました。人の裏切りで由緒ある地位と財産を捨てて韓国から日本に逃げてきたにも拘わらず、私たちには一言も苦労話はしませんでした。苦労を承知で日本に来てくれた祖父のお陰で今の自分があることがわかった時、ありがたくて涙があふれてきました。

私自身も在日韓国人であるために随分と苦労しましたが、だからこそ祖父の恩がなおさら身にしみました。そして在日韓国人として生まれて本当に良かったとこの時初めて思えました。

『宇宙無限力体得コース』の最後の瞑想中、佐藤先生が私の肩に手を触れた時、私の体に白いものが重なっているのが見えました。それが神様だと気づいて涙があふれ出しました。今までのすべての業がスーッと消えて体が軽くなりました。自分が愛の塊の神なんだとはっきり自覚できた瞬間でした。

妹が生き地獄の中で必死に自分を愛し、私までも愛してくれた命がけの愛、事業で失敗して以来遊びに明け暮れたのに私の花嫁姿を見てボロボロ嬉し涙を流してくれた父の無償の愛、お腹の中で6カ月しか生きられなかった娘の生命の輝きの愛、私の帰りを待ってくれている家族の愛、母の愛、そんな愛がどんどん魂にくっついてきて嬉し涙が止まりませんでした。

そして一番業が取れなかった姑の愛もはっきり感じとれるようになったら、姑の笑顔が懐かしくなりました。本当に姑が神に思えて泣けて泣けて仕方ありませんでした。今では抱きつきたいくらい姑を好きになっている自分に驚いています。今まで、何を勉強しても、どんないい話を聞いても心からの『ありがとうございます』が言えなかった私がこんなに変わることができたのはまさに奇跡です。佐藤先生はじめ、スタッフのみなさん、本当にありがとうございました」

田中さんは、本当に道を求めている素晴らしい女性です。「神を見た」「すべては一つなんだ」と感じることができたのは、長年彼女が真実を追い求めてきた結果なのだと思います。

彼女の手紙は、私たちの心の中に宇宙があるということを教えてくれています。自分の心を深く深く掘り下げていけばいくほど、広い広い心になっていくのです。その広い心が、まさに神の心なのです。その心が出ることによって、みんなが一つなんだ、みんなつながっているんだ、みんな境目がないんだ、誰一人として憎い人はいないんだ、みんな神なんだ、愛なんだということに気づいたのです。これこそまさに本物の気づきなのです。

まさに究極の体験をした田中さんは、きっとこれから日本と韓国をつなぐ掛け橋になり、そして、多くの人々を救うことのできる素晴らしい人物になることでしょう。

ある女性からの手紙

「先日は『宇宙無限力体得コース』で思いもよらない体験をさせていただきました。本当にありがとうございました。先生のお陰で一生分の財産とも思えるほど素晴らしい体験をいただきました。

先生に少しお話させていただきましたが、あの日瞑想中に、先生の手が私の肩にかかった時、体が段々と温かくなってきて、その内に閉じた目の中に瞑想中の姿が見え始め、その体に白い霧のようなものがかかってきて、段々と体の右側によってきて白い線になって、私の体の影のような形で残りました。その内その影が神の姿だと確信しました。驚いたのはいうまでもありません。

『ああ、そうだったんだ。私は本当に神の子だったんだ』と魂で神を実感し、そのことを自覚した時、また驚いたことにもう取れたと思っていた業が、まだ私の体に残っていて、その業がまるで生きているかのように、さっと逃げるかのごとく神と一体になった私の体から離れていきました。

業を取り去ってから神を自覚したのではなく、神を自覚したから業が抜けていったのです。さんざん業が取れずに、前の日から苦しみ、夜中も泣き明かしたのですが、人の何倍もあった業が、私の体から離れていき、宙に浮いているのではないかと思うくらい体が軽くなっていったのがわかりました。

その後、業が去って軽くなった時、体が愛だけの魂になった時、魂が波動を起こし始めました。愛に目覚めて動き始めたという感じでした。

波動で今まで愛を知らなかったために、過去の記憶の中で眠っていた愛がイキイキと蘇ってきて、あまりのありがたさに泣かずにはいられませんでした。しかもその命のように尊い愛が、愛の磁力を持った私の魂にまるで磁石のように吸い付けられてぴたっとくっついたかと思うと、愛だけの魂と一つになっていくのです。

私の体の血や肉になってくれているような不思議な感じでした。数々の人たちとの間で生まれたたくさんの愛が、ありがたくて仕方がありませんでした。人間がギリギリまで生きようとする強い意思が、神の愛そのものだということが何よりもありがたくて、涙があふれ出てきました。

その一緒に瞑想していた人たちの体にも、左半分の輪郭に白い線が影のようにはっきりと現れてきたのが見えました。『ああ、みんなも神なんだ。私と同じ神なんだ。

もとはみんな一つなんだ』と、頭ではなく魂でそのことがわかって、あまりにも幸せで嬉し涙が出てくるので、私の天国はここなんだと思えたほどでした。

瞑想が終わった後、あまりにも信じがたい出来事に、しばらく頭が混乱しました。目を閉じていて、自分や周りを見れたことも不思議でしたし、業や愛がまるで生き物のように感じたことも不思議でした。

こうして先生にお手紙を書かせていただくようになるまでに随分時間がかかりました。でも日が経ってもあの時の感動は忘れられません。ただそのことを文章にすることのもどかしさ。素直な気持ちで書いているつもりなのですが、何度書いても納得のできる手紙が書けずに、遅くなってしまいました。

人は麻薬なしでも、強い意思の力で幻覚を見ることができるのでしょうか。もしその能力が備わっているとしたら、私は魂は神であるということを幻覚という方法を使って体験したのでしょうか。

自分が神（愛そのもの）だと心の底から確信した途端に、業が闇の中の生き物のように去っていき、愛が過去や現在の中から光を放った生き物として次々と生まれ、神である私の魂に、まるで血や肉となるかのごとく一体となっていき、ともに光り始めたような感覚がとても頭の中に残っています。

この体験で、私は宇宙全部が愛の波動を持って動いていることに気づきました。心の底からすべてが神（愛そのもの）だということを信じることさえできれば、愛の波動がすべてをいい方向へと運んでくれているのです。

素直な気持ちでこの手は愛でできているんだと思えば、この手は間違いなくいい方向へと活躍してくれます。家庭や仕事も愛でできていると考えたら、とても明るい未来が見えます。地球全体、宇宙全体もそうですね。みんな愛でできていることさえわかったら、後は見えない世界が動いてすべてをいい方向へと持っていってくれるのですね。

義理の母とは、以前持っていたわだかまりがすっかり消えて、義理の母が今では一番私に喜びを与える存在にさえなってくれています。

素直に心から感謝の言葉が言えるようになり、素直に心から喜べるようになりました。これもみんな先生のお陰です。本当にありがとうございました」

真我は頭でわかっても意味がない

「人間は神そのものであり、愛そのものであり、完全で調和された存在である」

今まで聖人といわれた人たちは、共通してこのように教えてきました。

では、本当にその真我に出会って、真我の生き方をしている人が、世の中にどれくらいいるのでしょうか。

偽の自分で生きて、死ぬ時にやっと本当の自分に目覚めたというのでは、もう遅いのです。できるならば、一刻も早く「私はこのために生まれてきたんだ」ということを悟って、その生き方をすることです。

私たちは、「人間は神であり、愛であり、光だ」ということを、頭で理解しても何にもなりません。何にもならないどころか、頭だけでそういうことを理解すると、一番救いにくい人間になってしまう可能性すらあるのです。

私は今まで、何万人という人たちをこの目で一人一人見てきましたが、最も真我に目覚めにくい人は、「私はもう知っている」と思い込んでいる人なのです。

先日、ある教えを勉強している団体に招かれて講演をしました。

そこで、真我を自覚するとはどういうことか、という話をしました。みなさん、真我を頭で理解することと、真我を自覚することの違いをわかってくれたようでした。するると、私が講演を終えても誰も帰ろうとしないのです。知っている話なら、「今日はいい話だった」でおしまいになるのですが、「何も知っていなかった」と思えば帰れなくなるのです。みなさん、「自分は知っている」と思い込んでいたのです。

これは現在の学校教育の弊害だと思います。学校教育では、問題があって答えを解いたらそれでおしまいです。答えをわかったというのは、頭でわかったということです。しかし、本当の命そのものは、頭でわかったとしても、本当にはわからないのです。頭でわかったというのは、わかったうちに入らないのです。

頭でわかるのではなく、本当の自分を体感し、体得し、体現していくのです。本当の自分に目覚めたら、顔つきも変わり、言葉も変わり、態度も変わり、出会う人も友達も、何もかもが全部変わります。そうなって初めて、ああ、わかってきたな、ということになるのです。

頭でわかるのは、ただの第一歩なのです。まずは、そのことを理解することです。

神への感謝の詩

真我開発講座の受講者が真我を体感した心で書いた文章を紹介します。これを頭で理解するのではなくて、この言葉を呼び水として自分の中にある愛を引き出してください。感じるのです。感じてください。考えるのではないのです。感じるのです。感じるというのは一秒でできます。考えるといろいろなことがゴチャゴチャになって、結局わからなくなります。ですから考えないでください。

「神への感謝の詩
私の中に神がいる。私の中に光がある。とても眩しい光がある。すべてを優しく包み込む光だ。太陽に似ている。素晴らしい。すべては愛なのですね。私たちは愛でつながっている。神は誰の心の中にもある。
ありがとうございます。私を生んでくれたものすべてに感謝します。お父さん、お母さん、兄、姉、友達、犬、猫、牛、植物、みんな支え合って生きている。すべてが神の分身、神そのものですね。

なんときれいな瞳なんだろう。こんなに透明になれるなんて、私は素晴らしい。私たちは素晴らしい。生きているって素晴らしい。私たちは生かされているのです。私神の愛よ、もっと輝いてください。なんときれいなんだろう。何もかも愛だ。愛するって素晴らしい。愛されるって素晴らしい。私たちはどんな時も一人ではない。孤独などない。なんと優しいんだろう。この爪、この指、この体、この服、この紙、このペン。何もかもが愛でできていたのに、なんで今まで気がつかなかったんだろう。

こんなに優しさがあふれている。素晴らしい。私自身がこんなに優しい愛、光、神でできているなんて。こんなことってあったんですね。ありがとうございます。私は、父、母、兄、姉、またはすべての人間と一体なのですね。すべては愛でできている。光が輝いている。こんなに神が身近だとは思いませんでした。今まで何をやっていたんだろう。

ここにいる。確かにいる。ありがとうございます。一生懸命活かします。生かしてくれてありがとう。ありがとう」

「神への感謝の詩

神様ありがとうございます。ありがとうございます。私の中の素晴らしい神よ。今この場で目覚めさせてくれてありがとう。

私は神様が本当はこの世にはいないんじゃないかと思っていました。いろいろな宗教に顔を出し、偉い先生の前に座って、「私は神だ」といわれる先生を、私は神だと思っていました。私は先生がいわれることが絶対だと思って生きてきました。

私は自分の中に神が存在するなどと、その時はこれっぽっちも思っていませんでした。だから、家庭でうまくいかない時、会社でうまくいかない時、友人とうまくいかない時、兄弟とうまくいかない時、すべて私は神に任せていました。神は外にいるものだと思って恨んでいたのです。私にも神が見えたらいいのに、私には見えない。

私は今、そんなことを思っていた自分が、なんと無責任な、なんと他人任せだったんだろうと気づきました。私の中の神よ。私はたった今から変われます。いや変わるのではなく見つけ出したのです。私の中の神を見つけ出すことができたのです。

素晴らしい、素晴らしい。

神は本当は私が今までしてきたことを見守りながら、ちゃんと私を導いてくれたんですね。私はもう周りの誰かを頼って生きていくことをやめます。なぜなら私は完全だからです。素晴らしい人間だからです。愛で満ちあふれた自分だからです。私の中の神が自分にそう教えてくれたのです。だから私はすべてのものに与えていきます。

今まで受け入れることしか知らなかった私ですが、これからはすべての人々を、私を取り巻くすべての人々に、愛で満ちあふれた私を与えていきます。

私を生んでくださった両親。私のことを本当に心配して育ててくれましたね。高い月謝を払って、高校、大学へと行かせてくれました。そんなことも知らないで、いつもおこづかいをねだっていた私は、本当に親不孝者でした。これからは両親に心から感謝し、父や母の神と私の神が一つになって幸せになれるように、私は私の愛で満たしていきます。

ありがとう、お父さん、ありがとう、お母さん。ありがとう、私の神よ」

次に紹介するのは、三十代の女性の文章ですが、セミナーの最初の自己紹介の時、彼女はこう発言しました。

「私は結婚式の司会業をやっていますが、私は男をまったく信用できません」

この女性は独身です。結婚をしたがらなかったのです。そして、「子どもなんて大嫌い」と言うのです。

結婚披露宴の司会で「新郎新婦おめでとうございます」と言いながら、心の中では、「どうせ別れるんだ」と思っているのです。そういう女性でした。

ところが真我開発講座を受講しているうちに、突然脂汗をバタバタと噴き出して、私のところに飛んで来ました。

「助けてー！」とわんわん泣いて、脂汗をびっしょりかきながら来たのです。

「どうしたの」「殺されるー！」と言うのです。

「誰に殺されるの」「私は、前世でめった殺しにされた」と言うのです。「なんで前世で殺されたってわかるの」と聞くと、「子どもの頃から殺された夢ばっかり見ているから、おそらく私は前世で殺されたんだ。その記憶が蘇ってきているんだ」と、そう思い込んでいるのです。男に殺されたから、男を信用できないとインプットされているのです。

「誰に殺されたの？」と聞いても、言わないのです。

そこで、

「今、付き合っている彼氏いるんじゃない？」と聞くと、「います」と言うのです。

「その彼氏と前世で会って、前世で殺された」と言うのです。事実かどうかではなく、そう思い込んでいるのです。

「どんどんその殺される場所に近づいて行く……」と言うのです。

そういった前世の恐怖ということで、顔も能面のようになってしまい、まったく血が通ってない感じなのです。世の中には、そういう人もいるのです。

この女性も真我開発講座を受けて変わりました。その彼女の作った文章です。

「神への感謝の詩
私はいつもいつも苦しくて苦しくてしょうがありませんでした。まったく人が信用できず、いつもいつも不安に怯えていました。私の人生は何だったんだろうと、いつもいつもそう思っていました。神様ありがとうございます。

自分の中に神がいる。言葉ではわかっていましたが、自分が神であるとはとても思えず、あなたを拒否していました。

今こうして生きているのも、地球も宇宙もすべては神が作り、あるものなんですね。

そして私のこの体、髪の毛一本までも、私自身なのですね。ずっと気づかなくてごめんなさい。神から作られた私自身も神なのですね。ありがとうございます。

そして、宇宙にあるものは、すべてがあなたの手で作られたもので、すべての生命は神なのですね。私の神よありがとうございます。神の声を聞いていたら、早く神に気づいたら良かったのに。でもやっと気づきました。ありがとうございました。

そしてこれからも私を導いてください。

私自身が神であり光であり、大宇宙そのものなのだから。これからやることは、神の意思そのもの、愛にあふれたものなのです。だから私は素晴らしい人間なのです。

神は完全なのですから、細胞の一つ一つまで命を感じます。生きているって素晴らしい。

神様ありがとう。神である自分の愛をこれからすべての人に与えていきます。すべての人や生き物、木や空気までも感謝できる人間になります。それは私が神であり、すべてが神であるといえるからです。ありがとうございました。本当にありがとうございました」

このようになりました。そしてこの女性は、本当に人相が変わりました。いい顔になりました。前は能面のようだったのが、柔らかい顔になりました。

そして、真我開発講座を終えてから、まったく言うことが変わってしまいました。「私は子どもがいないから、アフリカの難民を里子にもらおうかしら」と言い出したのです。

信じられますか。

前世のことも解決してしまいました。先祖も前世のことも、神の愛の前ではすべて大丈夫なのです。たった二日間のことです。

「神への感謝の詩

今まで自分のしてきたことは、自分の力で成し遂げたこと、そして、周囲の人々から与えられた愛は当然のものと思ってきた自分を恥ずかしく思います。神であり愛であり真理であるあなたの存在すら気づかず、表面的に目に見えるものにとらわれていた。

目に見えるものに存在する目に見えないあなたが、そこに本当に大切なのです。今この愛に気づき、そしてこれから自分の行動一つ一つに、あなたの存在があることを忘れずにいます。感謝します。

表面にとらわれずに、あなたの真理を見ます。私の神の目で、すべての神の愛を見て感じていき、私の神様は私がずっと一緒にいる。なんと心強いことでしょう。どんな時でも一人ということはありません。強い味方です。そして、愛は神は宇宙は一つです。敵などいません。ありがとうございます。

すべてが一つであり、愛に気づき、感謝をして生きていきます。今日ここでこうして講座を受講させていただいているのも、ただの偶然ではありません。神様のお導きがあることなのです。ありがとうございます。本当にありがとうございます」

「神への感謝の詩

神様、いつも私を守ってくれてありがとうございます。今まで事故も病気もなく、生きてこられたのは、神様のご加護のお陰です。

そしてこの講座に導いてくださったのも、神様のお陰です。ありがとうございます。ありがとうございます。

多くの子どもたちに囲まれて、毎日元気で生活いていることも、ありがとうございます。神様と共に歩むこれからの人生は素晴らしいものになることを確信します。ありがとうございます。

私が生きていること、それが宇宙の法則であり、神であります。ありがとうございます。ありがとうございます」

「神への感謝の詩

いつもいつも神様を外に求めていました。本当はこんなに近くに私の中にいたんですね。気づかなくて恨んでいてごめんなさい。

恋がまったく実らなかったことも、体が丈夫でなかったことも、コミュニケーションがうまくいかなくて悩んで、人間恐怖症になったことも、私が自分の中の神に気づかなかったので、早く気づいて欲しいと起こっていたことです。

これから起こることは、すべてうまくいきます。仕事もうまくいきます。私白身が神なのですから。神の言ったことを拒む人はいないでしょう。みんな素直になって私のそばに来ます。ありがとうございます。

やはり今まで私が泣かされてきたことは、私が神の使命から外れていたからなのです。私が神の声を聞かずに済んでいたために起こっていたことでした。今までの辛さをこれからの仕事に生かしていきます。みんなが神は自分の中にいると気づいてくれているように、私は今の両親が育ててくれたことに感謝します。そして姉にも、先祖様にも感謝します。

いさかいのない家庭をありがとうございました。おばあちゃんと生活したこともありがとうございます。今とても恵まれた環境で生活しています。収入は大してないのに、お金だけはたくさん使って自分に投資してきましたが、もう外には求めません。

今、自分の中に自分の欲しいものを見つけました。これで今度は、今まで逃げていた家庭に収まります。いろんな理由をつけて、一番逃げていたのは家庭でした。仕事がうまくいかない。忙しい。体の具合が悪い。すべて家にいたくないだけだったんです。

私の欲しいものはすぐそばにありました。家庭です。これが私の必要だったものです。すべて今までのことがつながったようです。

神と神の家庭を早く作ります。ありがとうございました」

おわりに

宇宙意識（真我）への覚醒《めざめ》は、哲学や宗教、精神世界などで、人の幸せや本当の自分を求めてきた人の、双六でいう上がりなのです。そして、新たな生まれ変わりへの出発点でもあります。

科学技術は、凄まじい勢いで進化しています。エジソンが白熱電球を実用化してから現代のコンピューターまでの道のりはわずか百数十年しか経ていません。しかし、精神世界、魂の進化は、二千五百年前の釈迦の教え、二千年前のキリストの教えを、まだ実生活の中で生かすことができていません。それどころか、日本ではうつ病の人たちや自殺者が急増し、自分で自分をコントロールすることができなくなっています。見方によっては、魂や精神世界は、進化どころか逆行しているようにさえ見えます。それほど、科学技術の進歩とは対照的に、魂、精神世界の進化は遅々として進んでいないのが現状なのです。

おわりに

私は二十年前から「真我開発講座」という本当の自分（真我）に目覚める講座を主宰していますが、この講座のたった二日間で、本当の自分（真我）に目覚める人たちを今まで六万人ほど目撃してきました。

人間は、成功や幸福や悟りを得るために、いろいろな勉強をしたり、修行をしたりしています。しかし、そういったものを得るためには、勉強して知識や教えを頭に詰め込まなくてもいいのです。ここまで本書を読まれた方ならわかると思いますが、厳しい修行を積まなくてもいいのです。

宇宙意識、本当の自分への目覚めとは、私たちがすでに神であり完璧であるということに気づくことなのです。そのことにさえ気づけば、成功も幸福も悟りも結果的にすべて得ることができるのです。

誰にでも心のずっと奥に愛の光である本当の自分（真我）があります。その真我に気づき、その本当の自分を引き出していったときに、人生は歓喜に満ちあふれ、この一度きりの人生を素晴らしいものにすることができるのです。「真我開発講座」では、たった二日間で、その本当の自分を引き出すことができます。本書に登場した三〇名は、そうして後の人生が好転していったのです。これでも、もし信じられないというのであれば、ぜひ私のところに連絡してきていただいて構いません。

私は、真我に目覚めていった多くの人たちを見たときに、これは、一部の人たちだけではなく、地球上のすべての人が、自己に内在する真我に目覚める必要性があると確信しました。世の中に大切なことがたくさんある中で、真我に目覚めることこそが、何にも増して最も大切なことなのです。

地球上のすべての人が、本当の自分である真我に目覚めれば、地球上からあらゆる争いがなくなり、病気もよくなり、地球環境も本来の姿に戻り、すべての不調和が消えていくのです。

本当の自分、神である自分、真我の目覚めこそ、早急に私たちは気づかなければならないのです。

私はこのことを、みなさんに伝えずにはいられないでいるのです。そして毎日を興奮と感動で送っています。本書を読まれた方には、ぜひ本当の自分に出会っていただき、そして、真我と出会った歓喜の報告を、私とそして多くの人にしていただきたいと心から願っています。

佐藤康行

※本書は、二〇〇〇年五月に日新報道より刊行された『生命の覚醒』を加筆・再編集したものです。

たった２日で“ほんとうの自分”に出逢い、現実生活に即、活かせる

『真我開発講座のご案内』

本書で紹介させて頂いた「真我」及び「真我開発講座」について、さらに知りたい方は、下記の方法にてご連絡下さい。著者である**佐藤康行の講話が収録されたＣＤを無料プレゼント**いたします。

入手方法は簡単！

２つのうち、お好きな方法でご請求下さい。

⇩

１．ホームページから請求する。

下記URLでアクセスしていただき、ご請求下さい。ＣＤ及び資料を無料で進呈させていただきます。

⇒　http://shinga.com/

２．「心の学校・アイジーエー」まで直接連絡する。

お電話、FAX、e-mailでも受付しております。「『宇宙意識で因縁を切る』を読んでCD、資料を希望」とお伝え下さい。

⇒ **FAX：03-3358-8965（24h受付）**

TEL：03-3358-8938（平日 10:00 ～ 18:00）

e-mail：info@shinga.com

※上記1.2の内容はいずれも同じものですのでご了承下さい。

佐藤 康行（さとう やすゆき）

1951年北海道美唄市生まれ。
心の学校・学長。
本当の自分（＝真我）を引き出すセミナー「真我開発講座」主宰。
これまで20年にわたり延べ6万人以上の心の深層を見つめてきた。

10代後半から化粧品・宝飾品・教材のフルコミッション営業マンとして驚異的な実績をあげ、20代でレストランチェーンを創業し全国70店舗を展開。直後に「自分の使命は多くの人の真我の目覚めのお手伝い」という天啓のもと「真我開発講座」を編み出し、レストラン経営すべてを人に譲り、全国各地でセミナー、講演、面談等を行うとともに「心の学校 佐藤義塾（現アイジーエー（株））」を設立。
「真我開発講座」は、老若男女を問わず政財界の著名人から第一線のビジネスマン、主婦、学生に至るまでこれまで6万人以上が受講し、心・生活の著しい変化をもたらしている。

著書に、『1日ひとつ、変えてみる』（三笠書房）、『「遺伝子とサムシング・グレート」は教える』（筑波大学名誉教授村上和雄 共著）『絶対にNO!と言われない「究極のセールス」』（かんき出版）、『ダイヤモンド・セルフ』（アイジーエー出版）、『あなたの悩みは一瞬で消せる』（ハギジン出版）ほか。

★心の学校・アイジーエー オフィシャルサイト
http://shinga.com/

宇宙意識で因縁を切る　今からあなたは幸せになる

2009年6月30日　第1版第1刷
2009年7月15日　第1版第2刷発行

著　者　佐藤康行
発行者　株式会社アイジーエー出版
〒160-0022 東京都新宿区新宿2-11-2 カーサヴェルデ
電話　03-5312-1450
FAX　03-5269-2870
ホームページ http://www.igajapan.co.jp/
E メール info@igajapan.co.jp
印刷所　シナノ印刷株式会社

ISBN978-4-903546-12-4 C0010